対話でたのしむ
中　国　語
―初級編―

葉　　紅　著
飯島 啓子

駿河台出版社

表紙イラスト：飯島亜希

本文イラスト：飯島明佳
　　　　　　　丸木優衣

まえがき

　本テキストは中国語学習の初級者向けの教材です。

　本書の最大の特徴は一問一答の会話形式となっています。語学学習の初級段階では、話の流れに沿って会話を展開するのは極めて難しく、こちらから発した一言が相手に通じた時、相手に聞かれたことを一言でも返せた時に学習者は大きな喜びと達成感を味わうものです。本文を一問一答のスタイルにすることによって、異なる話題を数多く提供し、聞きやすく話しやすい形にしました。会話を二行ごとに話の内容も場面も変えてあります。また、あえて人物の設定を明記せず、学習者に読み込んでもらうことにしています。どのような状況で交わされた会話なのかを想像してもらい、そのうちの一言でも多く話してもらえるよう簡潔にまとめました。

　発音を学習する部分は学習者に練習のチャンスを出来る限り多く与えられるよう、発音練習を多く組み入れました。さらに現場の状況に応じ、学生全員の、あるいは各自の発音練習に使っても良く、リスニング練習として使っても良く、ディクテーションの練習としても使えるように練習問題の形を限定しないようにしています。ピンインの書き方の特徴を学習する部分も一項目ずつその場で書いてもらう実践問題を付け、定着を図れるようにしています。

　発音部分と同じく、第1課の新出単語の段階から学生に実際に手を動かしてもらい、ポイントごとに練習問題を付け、教室で確認できる形にしてあります。習熟の度合いにより、適宜に扱えるようにポイントごと本文に反映できるようにしてあります。教授用資料にもドリル問題を付けてありますので、状況に応じて使っていただけます。

　本テキストは自然な会話体でありながら、丁寧な表現を心がけ、音声はネイティブが日常的に話すように発音するスタイルを採用しました。中国語を話す環境にいない学生達が本書に出会ったことにより、中国語ワールドに確実な一歩を踏み入れられることを期待しています。同時に本書を採用して下さった諸先生方の厳しいご指摘をいただければ幸いです。

　本書の編集にあたっては、駿河台出版社の猪腰くるみさんに大変お世話になりました。また、飯島明佳さんと丸木優衣さんの二人に楽しいイラストを描いていただきました。お三方に併せて感謝を申し上げます。

2011年8月

著　者

目　　次

発音（1）	…………………… 6
1	単母音
2	声調
	書き方のルール①

発音（2）	…………………… 8
1	子音
	書き方のルール②
2	無気音と有気音
3	「i」の発音について
4	軽声

発音（3）	…………………… 11
1	複母音
	書き方のルール③
2	声調の位置
3	第3声の変化
4	半3声
5	「不」bù の声調変化

発音（4）	…………………… 14
1	～n を伴う複母音
	書き方のルール④
2	～ng を伴う複母音
3	アル化音
4	「一」yī の声調変化
	〈あいさつ言葉〉

第1課	お名前は何ですか ……… 18
	◆指示代名詞（場所）
	◆人称代名詞
ポイント	Ⅰ相手の名字と名前の尋ね方、答え方
	Ⅱ動詞述語文
	Ⅲ所在を表す「在」
	Ⅳ特殊疑問文

第2課	あなたは大学生ですか … 24
	◆指示代名詞（もの）
ポイント	Ⅰ判断文「是」
	Ⅱ反復疑問文

第3課	中国語は難しいですか … 28
ポイント	Ⅰ形容詞述語文
	Ⅱ選択疑問文
	Ⅲ副詞①「很、非常、也、都」
	Ⅳ連体修飾語①

第4課	いま何時ですか ………… 33
	◆「天」と「年」がつく表現
	・数字、年月日、曜日等の言い方
	・日にち、曜日、時刻を尋ねる場合のやりとり
ポイント	Ⅰ名詞述語文
	Ⅱ変化を表す「了」

第5課	パソコンを持っていますか …………………… 39
ポイント	Ⅰ「有」構文
	Ⅱ量詞／助数詞

第6課	王さんは来られますか … 44
ポイント	Ⅰ助動詞①「会、能、可以」
	Ⅱ「喜欢」
	Ⅲ動詞の重ね方

第7課	朝ごはんを食べましたか …………………… 50
ポイント	Ⅰ完了を表す「了」
	Ⅱ確認等の「吧」
	Ⅲ副詞②「已经、快点儿、早、有点儿、只」
	Ⅳ連体修飾語②

第8課	あなたに電話します …… 55
ポイント	Ⅰ 前置詞「在、从、从～到～、跟、给」 Ⅱ 省略疑問文「呢」 Ⅲ「～极了」 Ⅳ 連動文
第9課	私は歩いて来ます ……… 60
ポイント	Ⅰ 動態助詞「着」 Ⅱ「要～了、快～了、快要～了」 Ⅲ 進行態 Ⅳ 文型「一边儿～一边儿～」
第10課	一つ質問をしたいのですが ………………………… 65
ポイント	Ⅰ 助動詞②「想、要、得、应该」 Ⅱ 二重目的語
第11課	では、明日また来ます … 70
ポイント	Ⅰ 副詞③「才、就、又、再」 Ⅱ 禁止を表す「别、不要」
第12課	日本のサッカーチームはすばらしかった……………… 75
ポイント	Ⅰ 程度補語 Ⅱ「太～了」
第13課	はやく席に戻りましょう ………………………… 80
ポイント	Ⅰ 方向補語 Ⅱ 形容詞の重ね方 Ⅲ 存現文
第14課	ボールペンは見つかりましたか ………………………… 85
ポイント	Ⅰ 結果補語 Ⅱ 文型「虽然～，但是～」

第15課	北京の冬は東京より寒い ………………………… 89
ポイント	Ⅰ 可能補語 Ⅱ 比較の表現① Ⅲ「是～的」構文
第16課	電車は一時間遅れました ………………………… 94
ポイント	Ⅰ 経験を表す「过」 Ⅱ 数量補語 Ⅲ 比較の表現②
第17課	友人のスピーチに感動しました ……………………… 100
ポイント	Ⅰ「把」構文 Ⅱ 受身文「被」
第18課	一曲歌っていただけませんか ……………………… 105
ポイント	Ⅰ 使役表現「让、叫、请」 Ⅱ 兼語文 Ⅲ「连～也(都)～」文型

単語索引 ……………………… 110

●コラム

"好"のいろいろ……………………… 43
"这件 zhèi jiàn"と読むわけ ………… 48
王さんが"小王"と呼ばれる理由 ……… 54
"打"のいろいろ……………………… 69
"白"は「白」だけではない…………… 74

発音（1）

　中国語は漢字(簡体字)で表記され、漢字の読み方をローマ字で表す。このローマ字のことを中国語では「拼音 pīnyīn」（ピンイン）という。

　中国語の漢字は一つの漢字に一つの音節しかない。音節のほとんどが子音(声母)と母音(韻母)から出来ているもので、音節の上にさらに音の高低昇降を表す声調(「声调 shēngdiào」)を付ければ、一つの漢字の発音が出来上がってくる。したがって、中国語の勉強はまずこのピンインの習得からスタートしなければならない。

　では、ピンインの勉強を始めよう。

1　単母音：(7個)

a　o　e　i　u　ü　er

練習 1

① a i   ② e ü   ③ u o
④ er a ⑤ ü u   ⑥ e er

2 声調： ā á ǎ à

第1声　高く平らに伸ばす音　　　　　　ū
第2声　上昇する音　　　　　　　　　　ú
第3声　低く押さえた後、上昇する音　　　ǔ
第4声　一気に下降する音　　　　　　　ù

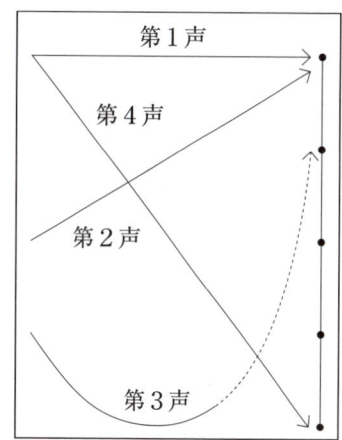

練習2

① ē　　② é　　③ ě　　④ è
⑤ à　　⑥ ǎ　　⑦ ā　　⑧ á

書き方のルール①

1 「i」に声調記号をつける時は点を消す。
　ī　í　ǐ　ì
2 「i、u、ü」はそれぞれ単独で音節をなす時、次のように書く。
　i → yi、u → wu、ü → yu

 書いてみよう（単独で音節をなす時）

① iの第4声→＿＿＿　② uの第2声→＿＿＿　③ üの第3声→＿＿＿

チャレンジ

声に出して読んでみよう。

① á　② wǔ　③ yù　④ ěr　⑤ ó　⑥ yí　⑦ è

発音（1）　7

発音（2）

1．子音：(21個)

```
b   p   m   f
d   t   n   l
```

練習1

① bǎ   ② pí   ③ mā   ④ fù
⑤ dǐ   ⑥ tì   ⑦ ná   ⑧ lǔ

```
g   k   h
j   q   x
```

練習2

① gè   ② kē   ③ hé
④ jí   ⑤ qǐ   ⑥ xī

```
zh   ch   sh   r
z    c    s
```
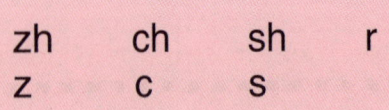

練習3

① zhù   ② chū   ③ shǔ   ④ rù
⑤ zá   ⑥ cā   ⑦ sǎ

書き方のルール②

「j q x」の後に「ü」が来た場合「ju、qu、xu」のように点を取ってつづる。読み方は「ü」のままで変わらない。

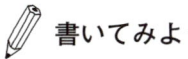 書いてみよう

① j + ü →＿＿＿　② q + ü →＿＿＿　③ x + ü →＿＿＿

2　無気音と有気音：
① bo　po　　② de　te　　③ ge　ke
④ ji　qi　　⑤ zhi　chi　⑥ zi　ci

3　「i」の発音について：
「ji qi xi」の後にある「i」は本来の「i」の発音で読む。
「zhi chi shi ri」と「zi ci si」の「i」は、「i」の発音で読まず、音節を構成するために添えた形になり、それぞれ子音部分だけの発音をする。

知	吃	师	日	字	词	四
zhī	chī	shī	rì	zì	cí	sì

4　軽声：軽声は本来の発音をせず、前の字の発音に軽く添えて発音する。声調記号は書かない。

哥哥	拿了	椅子	辣的
gēge	ná le	yǐzi	là de

チャレンジ

声に出して読んでみよう。

① shū　② cí　③ bà　④ sú
⑤ pī　⑥ xǔ　⑦ hé　⑧ zhá

ウォーミングアップ〔簡体字の書き方〕

日本語	中国語		
語 →	语	丶 讠 语	
東 →	东	一 卡 东 东 东	
馬 →	马	乛 马 马	
喝 →	喝	呵 喝 喝 喝 喝	
書 →	书	乛 乛 书 书	

発音（3）

1　複母音：(13個)

ai	ei	ao	ou
ia (ya)	ie (ye)	iao (yao)	iou (you)

カッコ部分は単独で音節をなす時の書き方である。

練習 1

① lái　② fèi　③ tǎo　④ dōu

⑤ liǎ　⑥ tiē　⑦ niǎo　⑧ niú

※（書き方に注意）

⑨ yá　⑩ yè　⑪ yāo　⑫ yǒu

ua (wa)	uo (wo)	uai (wai)	uei (wei)
üe (yue)			

カッコ部分は単独で音節をなす時の書き方である。

練習 2

① huā　② tuó　③ guǎi　④ duì　⑤ nüè

※（書き方に注意）

⑥ wá　⑦ wǒ　⑧ wài　⑨ wēi　⑩ yuè

書き方のルール③

「iou」と「uei」はそれぞれ子音が前に来た時、真中の「o」と「e」の発音が弱くなり、「o」と「e」を省いて書く。
　　例：n＋iou→niu　　　　　d＋uei→dui
しかし、発音する時はそれぞれ「o」と「e」を軽くはさんで発音する。

書いてみよう

① l＋iou→_____　② t＋uei→_____

2　声調の位置：

1　母音の上につける。例：lā　nǐ
2　複母音の場合、「a」を優先する。例：láo　hài
3　aがない場合、「a o e i u ü」の順で、左から優先する。
　　例：lóu　wèi
4．「iu」と「ui」だけそれぞれ後の音につける。
　　例：qiú　huì

書いてみよう（第2声をつける）

① na　② mai　③ luo　④ liu　⑤ hui

3　第3声の変化：
第3声が続けて出てきた時に前の第3声を第2声に変えて発音する。声調記号の書き方を変えない。

第3声＋第3声→第2声＋第3声

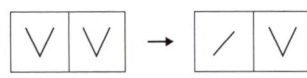

你　好　（こんにちは）
nǐ　hǎo

　水果　（フルーツ）
shuǐguǒ

4　半3声：第3声＋第1、2、4声の時、第3声を半3声に変えて発音する。
　　第3声＋第1、2、4声→半3声＋第1、2、4声

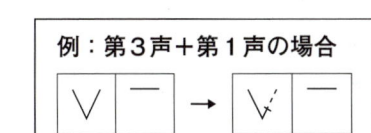

　　好吃（美味しい）　　旅游（旅行）　　口罩（マスク）
　　hǎochī　　　　　　　lǚyóu　　　　　　kǒuzhào

5　「不」bù の声調変化：
「不」は後に第4声が続くと、「不」を第2声に変えて発音する。声調記号の書き方も変える。

　　例：①　不是 bú shì（～ではない）　　②　不在 bú zài（いない）

 書いてみよう（「不」に声調記号をつける）

　　①　不去 bu qù（行かない）　　②　不会 bu huì（できない）

 **チャレンジ** ■■■■■■■■■■■■■■■■■■■■■■■■■■■■■■■■■■

声に出して読んでみよう。

①　yǒu　　②　lèi　　③　yáo　　④　huì
⑤　lǎoshī　⑥　dàxué　⑦　chāoshì　⑧　wàiguó

発音（4）

1 ～n を伴う複母音（8個）：

an　　en　　ian (yan)　　in (yin)
uan (wan)　　uen (wen)　　üan (yuan)　　ün (yun)

カッコ部分は単独で音節をなす時の書き方である。

練習1

① ān　② nán　③ mén　④ liǎn　⑤ nín

⑥ tuán　⑦ lùn　⑧ quān　⑨ dūn

※（書き方に注意）

⑩ yān　⑪ yīn　⑫ wàn　⑬ wén　⑭ yuǎn　⑮ yūn

> **書き方のルール④**
>
> 「uen」は子音が前に来た時、真中の「e」の発音が弱くなり、「e」を抜いて書く。
> 　例：d + uen → dun
> しかし、読むときは「e」を軽くはさんで読む。

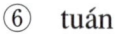 書いてみよう

① h + uen → _____　② l + uen → _____

2 〜ng を伴う複母音（8個）:

ang   eng   ong
iang (yang)   ing (ying)   iong (yong)
uang (wang)   ueng (weng)

カッコ部分は単独で音節をなす時の書き方である。

練習2

① kàng ② lěng ③ tóng ④ niáng ⑤ dīng ⑥ qióng ⑦ kuáng

※（書き方に注意）

⑧ yàng ⑨ yíng ⑩ yōng ⑪ wáng ⑫ wēng

3 アル化音：音節の最後に er という舌をまきあげて発音する音を児化韻と呼び、ここでは便宜上アル化音という。表記は er の e を抜き、r だけ直前の音にくっつけて書く。漢字は「儿」を使う。

一下儿　　快点儿　　一边儿　　有点儿
yíxiàr　　kuàidiǎnr　　yìbiānr　　yǒudiǎnr

アル化音とそうでないのとでは、意味が違ってしまうものも少なくない。以下の単語を読み比べてみよう。

① 这儿　　　② 那儿　　　③ 哪儿
　 zhèr　　　　nàr　　　　　nǎr
　 ここ　　　　そこ　　　　どこ

　 这　　　　　那　　　　　哪
　 zhè　　　　 nà　　　　　 nǎ
　 これ　　　　それ　　　　どれ

4 「一」yī の声調変化：

「一」は一月(yīyuè)、第一课(dì yī kè)、统一(tǒngyī)、一(yī)、二(èr)、三(sān) などの場合は元の第1声で読むが、多くの場合、声調の変化が見られ、第1声で読まない。以下どのように変化するか整理しておく。

① 「一」の後に第1、2、3声が続くと、「一」が第4声に変化する。
　　例：一张 yì zhāng（一枚）　　一直 yìzhí（ずっと）　　一起 yìqǐ（一緒に）

② 「一」の後に4声が続くと、「一」が第2声に変化する。
　　例：一样 yí yàng（同じ）　　一下儿 yí xiàr（ちょっと）

③ 「一」の後に軽声が続く場合、その軽声の元の声調に準じて、上記のルールで変化する。
　　例：一个 yí ge（一つの～）
「个」は元の第4声から軽声に変化したもので、上記の②にしたがって読むと、「一」は第2声になる。
　　表記上の注意：「一」の声調記号は変化した通りに表記する。

✏️ 書いてみよう（「yi」に声調記号をつける）

① yi tiān　一天　　② yi nián　一年　　③ yi bǎi　一百

④ yi wàn　一万　　⑤ yi ge　一个

 チャレンジ ■■■■■■■■■■■■■■■■■■■■■■■■■■■■■■■■■■■■■■

声に出して読んでみよう。

〈二音節語の 20 パターン〉

冰箱　（冷蔵庫） bīngxiāng	明天　（明日） míngtiān	好吃　（美味しい） hǎochī	相机　（カメラ） xiàngjī
中国　（中国） Zhōngguó	学习　（勉強する） xuéxí	网球　（テニス） wǎngqiú	棒球　（野球） bàngqiú
英语　（英語） Yīngyǔ	词典　（辞書） cídiǎn	洗澡　（入浴する） xǐzǎo	电脑　（パソコン） diànnǎo
超市　（スーパー） chāoshì	盒饭　（弁当） héfàn	眼镜　（めがね） yǎnjìng	挂历　（カレンダー） guàlì
妈妈　（母） māma	什么　（なに） shénme	你们　（あなたたち） nǐmen	弟弟　（弟） dìdi

あいさつ言葉

你早。Nǐ zǎo.／您早。Nín zǎo.

你好。Nǐ hǎo.／您好。Nín hǎo.

同学们好。Tóngxuémen hǎo. —— 老师好。Lǎoshī hǎo.

好久不见。Hǎojiǔ bú jiàn.／—— 好久没见了。Hǎo jiǔ méi jiàn le.

谢谢。Xièxie. —— 不谢。Bú xiè.
     —— 不客气。Bú kèqi.
     —— 没什么。Méi shénme.

对不起。Duìbuqǐ. —— 没关系。Méi guānxi.
      —— 不要紧。Bú yàojǐn.

再见。Zàijiàn.／明天见。Míngtiān jiàn.／回头见。Huítóu jiàn.

第1課　お名前は何ですか

你 贵姓?
Nǐ guìxìng?

我 姓 王。
Wǒ xìng Wáng.

你 叫 什么 名字?
Nǐ jiào shénme míngzi?

我 叫 伊藤 理惠。
Wǒ jiào Yīténg Lǐhuì.

你 学习 什么?
Nǐ xuéxí shénme?

我 学习 汉语。
Wǒ xuéxí Hànyǔ.

你 家 在 哪儿?
Nǐ jiā zài nǎr?

我 家 在 东京。
Wǒ jiā zài Dōngjīng.

◆指示代名詞（場所）

ここ	そこ / あそこ	どこ
这儿 zhèr	那儿 nàr	哪儿 nǎr
这里 zhèli	那里 nàli	哪里 nǎli

 **新しい単語**

贵姓 guìxìng 名字を聞く言い方
姓 xìng （名字）〜という
叫 jiào （名前）〜という
什么 shénme どんな、なに
名字 míngzi 名前
学习 xuéxí 勉強する
汉语 Hànyǔ 中国語
家 jiā 家
在 zài ある、いる
哪儿 nǎr どこ
东京 Dōngjīng 東京

喝 hē 飲む
茶 chá 茶
不 bù 否定を表す
咖啡 kāfēi コーヒー
日语 Rìyǔ 日本語
吗 ma 疑問を表す
买 mǎi 買う
杂志 zázhì 雑誌
北京 Běijīng 北京
上海 Shànghǎi 上海

空欄を埋めなさい

日本語の意味	ピンイン	簡体字
名字を聞く言い方		
（名字）〜という		
		叫
		什么
名前		
勉強する		
	Hànyǔ	
家		
ある、いる		
	kāfēi	

第1課

◆人称代名詞

	単　数	複　数
第一人称	我 wǒ	我们 wǒmen 咱们 zánmen（話し言葉・聞き手を含めた「私たち」の意）
第二人称	你 nǐ 您 nín	你们 nǐmen
第三人称	他 tā 她 tā 它 tā（人間以外の命あるものを指す場合）	他们 tāmen 她们 tāmen 它们 tāmen
疑問詞	谁 shéi shuí	

ポイントⅠ　相手の名字と名前の尋ね方、答え方

名字のみ尋ねる場合のやりとり：

― 你 贵姓？ ／ 您 贵姓？ ／ 贵姓？
　　Nǐ guìxìng?　　Nín guìxìng?　　Guìxìng?

― 我 姓 伊藤。 ／ 我 姓 王 。
　　Wǒ xìng Yīténg.　　Wǒ xìng Wáng.

練習：簡体字を書いて、となりの人の名字を聞いてみよう。

（問）＿＿＿　＿＿＿＿　　　（答）＿＿＿＿＿＿＿＿＿＿
　　　Nǐ　guìxìng?

（問）＿＿＿　＿＿＿＿　　　（答）＿＿＿＿＿＿＿＿＿＿
　　　Nín　guìxìng?

フルネームを尋ねる場合のやりとり：

你 叫 什么 名字? ／ 您叫什么名字？ ／ 你叫什么？
Nǐ jiào shénme míngzi?　　Nǐ jiào shénme míngzi?　　Nǐ jiào shénme?

我 叫 伊藤 理惠。 ／ 我 叫 王海 。
Wǒ jiào Yīténg Lǐhuì.　　Wǒ jiào Wáng Hǎi.

練習：王海さんになったつもりで、名字と名前を書いて言ってみよう。

＿＿＿　＿＿＿　＿＿＿＿，＿＿＿　＿＿＿　＿＿＿＿。
Wǒ　xìng　Wáng,　jiào　Wáng　Hǎi.

ポイントⅡ　動詞述語文

肯定形：主語＋動詞（＋目的語）

我学习汉语。　　Wǒ xuéxí Hànyǔ.

她喝茶。　　Tā hē chá.

否定形：主語＋否定を表す副詞「不」＋動詞（＋目的語）

我不学习汉语。　　Wǒ bù xuéxí Hànyǔ.

王海不喝咖啡。　　Wánghǎi bù hē kāfēi.

疑問形：主語＋動詞（＋目的語）＋疑問を表す「吗」

你学习日语吗？　　Nǐ xuéxí Rìyǔ ma?

伊藤买杂志吗？　　Yīténg mǎi zázhì ma?

✎ **訳してみよう**（ピンインもつけること）。

1　伊藤さんは中国語を勉強します。

___

2　彼はコーヒーを飲みません。

___

3　王海さんはお茶を飲みますか。

___

ポイントⅢ　所在を表す「在」　〜は…にある / にいる。

肯定形：主語＋「在」＋場所を表す言葉

　　我家在东京。　　Wǒ jiā zài Dōngjīng.

　　王海在家。　　Wáng Hǎi zài jiā.

否定形：主語＋「不」＋「在」＋場所を表す言葉

　　他家不在北京。　　Tā jiā bú zài Běijīng.

　　伊藤不在家。　　Yīténg bú zài jiā.

疑問形：主語＋「在」＋場所を表す言葉＋「吗」

　　你家在上海吗？　　Nǐ jiā zài Shànghǎi ma?

　　伊藤在家吗？　　Yīténg zàijiā ma?

✏️ 訳してみよう。

1　私の家は上海にありません。北京にあります。

―――――――――――――――――――――――――

2　―伊藤理恵さんは家にいますか。

―――――――――――――――――――――――――

　　―いません。

―――――――――――――――――――――――――

ポイントIV　特殊疑問文「什么」、「哪儿」などの疑問詞を使って作る疑問文。

主語＋動詞＋疑問詞　　注意：「吗」を使わない。

你学习什么？　　Nǐ xuéxí shénme?

他家在哪儿？　　Tā jiā zài nǎr?

訳してみよう。

1　あなたは何を飲みますか。
_____

2　あなたの家はどこにありますか。
_____

チャレンジ

ピンインを簡体字に直しなさい。

1　Yīténg bú zài jiā.
_____

2　Nǐ jiào shénme míngzi?
_____

3　Wáng Hǎi mǎi zázhì.
_____

4　Wǒ bù hē kāfēi.
_____

5　Nǐ xuéxí Hànyǔ ma?
_____

＋α　辞書で自分の名前の発音と簡体字を調べ、書いてみよう。

我　姓 _____ ，叫 _____ 。
Wǒ　xìng　　　　　　　　jiào

第2課　あなたは大学生ですか

你 是 大学生 吗？
Nǐ shì dàxuéshēng ma?

是，我 是 大学生。
Shì, wǒ shì dàxuéshēng.

他 是 中国人 吗？
Tā shì Zhōngguórén ma?

不 是，他 不 是 中国人，他 是 日本人。
Bú shì, tā bú shì Zhōngguórén, tā shì Rìběnrén.

这 是 咖啡 吗？
Zhè shì kāfēi ma?

不 是，这 是 乌龙茶。
Bú shì, zhè shì wūlóngchá.

那 是 不 是 包子？
Nà shì bu shì bāozi?

那 不 是 包子，那 是 汉堡包。
Nà bú shì bāozi, nà shì hànbǎobāo.

◆指示代名詞（もの）

これ	それ、あれ	どれ
这 zhè	那 nà	哪 nǎ

 **新しい単語**

是 shì ～は～です
大学生 dàxuéshēng 大学生
中国人 Zhōngguórén 中国人
日本人 Rìběnrén 日本人
这 zhè これ、この～
乌龙茶 wūlóngchá ウーロン茶
那 nà それ、その～、あれ、あの～
包子 bāozi 中華まん
汉堡包 hànbǎobāo ハンバーガー
手机 shǒujī 携帯電話

老师 lǎoshī 先生、教員
电脑 diànnǎo パソコン
学生 xuésheng 学生
电视 diànshì テレビ
韩国人 Hánguórén 韓国人
词典 cídiǎn 辞書
点心 diǎnxin 菓子、軽食
牛奶 niúnǎi 牛乳
书 shū 本

空欄を埋めなさい

日本語の意味	ピンイン	簡体字
	wūlóngchá	
～は～です		
日本人		
		手机
テレビ		
韓国人		
先生、教員		
	diànnǎo	
中華まん		
ハンバーガー		

第2課

ポイントⅠ　判断文「是」　～は～です。

肯定形：主語＋「是」＋名詞

我是大学生。　　Wǒ shì dàxuéshēng.

这是手机。　　Zhè shì shǒujī.

否定形：主語＋「不」＋「是」＋名詞

我不是老师。　　Wǒ bú shì lǎoshī.

那不是电脑。　　Nà bú shì diànnǎo.

疑問形：主語＋「是」＋名詞＋「吗」

你是日本人吗？　　Nǐ shì Rìběnrén ma?

这是汉堡包吗？　　Zhè shì hànbǎobāo ma?

✏️ **訳してみよう**（ピンインもつけること）。

1　彼女は学生です。

_____

2　これはテレビではありません。

_____

3　あなたは韓国人ですか。

_____

ポイントⅡ　反復疑問文　述語（動詞、形容詞など）の肯定形と否定形を並べて作る疑問文。

主語＋肯定形＋否定形（＋名詞）

注意：「吗」を使わない。

你是不是中国人？　　Nǐ shì bu shì Zhōngguórén?

这是词典不是？　　　Zhè shì cídiǎn bú shi?

你买不买点心？　　　Nǐ mǎi bu mǎi diǎnxin?

✏️ **訳してみよう**（反復疑問文を使うこと）。

1　彼は大学生ですか。
_____

2　それはウーロン茶ですか。
_____

3　あなたは牛乳を飲みますか。
_____

 **チャレンジ** ■■

並べ替えて文にしなさい。

1　是　这　电脑
_____

2　吗　那　书　是
_____

3　喝　咖啡　不　喝　他
_____

4　不　中国人　我　是
_____

5　是　词典　那　不
_____

第3課　中国語は難しいですか

汉语 很 难。英语 难 吗？
Hànyǔ hěn nán. Yīngyǔ nán ma?

英语 也 很 难。
Yīngyǔ yě hěn nán.

你们 的 教室 大 不 大?
Nǐmen de jiàoshì dà bu dà?

我们 的 教室 不 大，礼堂 很 大。
Wǒmen de jiàoshì bú dà, lǐtáng hěn dà.

花茶 贵 不 贵?
Huāchá guì bu guì?

好喝 的 花茶 非常 贵。
Hǎohē de huāchá fēicháng guì.

包子 好吃，还是 饺子 好吃?
Bāozi hǎochī, háishi jiǎozi hǎochī?

包子 和 饺子 都 好吃。
Bāozi hé jiǎozi dōu hǎochī.

 **新しい単語**

很 hěn　とても
难 nán　難しい
英语 Yīngyǔ　英語
也 yě　～も
的 de　所属を表す、～の
教室 jiàoshì　教室
大 dà　大きい
礼堂 lǐtáng　講堂
花茶 huāchá　ジャスミン茶
贵 guì　（値段が）高い

好喝 hǎohē　（飲んで）美味しい
非常 fēicháng　非常に
好吃 hǎochī　（食べて）美味しい
还是 háishi　～それとも～
饺子 jiǎozi　餃子
和 hé　～と
都 dōu　みな、すべて

可乐 kělè　コーラ
热 rè　熱い、暑い
新 xīn　新しい

空欄を埋めなさい

日本語の意味	ピンイン	簡体字
		很
	jiàoshì	
講堂		
		好喝
	huāchá	
（値段が）高い		
		还是
みな、すべて		
熱い、暑い		
（食べて）美味しい		

第3課　29

ポイントⅠ　形容詞述語文

肯定形：主語＋形容詞　　注意：「是」を必要としない。

汉语很难。　　Hànyǔ hěn nán.

花茶好喝。　　Huāchá hǎo hē.

　　＊一文字の形容詞が述語になる場合、肯定形では通常「很」を付ける。「とても」という意味を持たず、一音を補う役目を担う。

否定形：

咖啡不热。　　Kāfēi bú rè.

电脑不新。　　Diànnǎo bù xīn.

疑問形：

饺子好吃吗？　　Jiǎozi hǎochī ma?

手机贵吗？　　Shǒujī guì ma?

反復疑問文：

汉语难不难？　　Hànyǔ nán bu nán?

包子好吃不好吃？　　Bāozi hǎochī bu hǎochī?

✎ **訳してみよう**（ピンインもつけること）。

1　中国語は難しいですか。―― 難しいです。

_____

2　教室は大きいですか（反復疑問文）。―― 大きくないです。

_____

ポイントⅡ　選択疑問文　「(是)〜还是〜?」　〜それとも〜?

汉语难，还是英语难？　　Hànyǔ nán, háishi Yīngyǔ nán?
　——汉语难。　Hànyǔ nán.

你喝茶，还是喝可乐？　　Nǐ hē chá, háishi hē kělè?
　——我喝可乐。　Wǒ hē kělè.

🖉 訳してみよう。
1　あなたは英語を習いますか。それとも日本語を習いますか。

_____

2　ジャスミンティーが美味しいですか。それともウーロン茶が美味しいですか。

_____

ポイントⅢ　副詞①　「很」、「非常」、「也」、「都」

副詞は通常述語の前に置く。

　点心很好吃。　　Diǎnxin hěn hǎochī.
　杂志非常新。　　Zázhì fēicháng xīn.
　王海也是学生。　　Wáng Hǎi yě shì xuésheng.
　伊藤也在教室。　　Yīténg yě zài jiàoshì.
　我们都是大学生。　　Wǒmen dōu shì dàxuéshēng.
　我们都学习汉语。　　Wǒmen dōu xuéxí Hànyǔ.
　老师们也都在教室。　　Lǎoshīmen yě dōu zài jiàoshì.

🖉 訳してみよう。
1　あなたも学生ですか。

_____

2　あなたたちはみな英語を習いますか。

_____

第3課　31

ポイントIV 連体修飾語①

単音節の形容詞が名詞を修飾する場合、通常そのまま使う。

热咖啡　rè kāfēi　　新手机　xīn shǒujī　　大教室　dà jiàoshì

二音節の形容詞の場合、通常名詞との間に「的」を入れる。

好喝的乌龙茶　hǎohē de wūlóngchá　　好吃的汉堡包　hǎochī de hànbǎobāo

訳してみよう。

1　大きい講堂はあそこにあります。

_____

2　美味しいコーヒーは高くない。

_____

 **チャレンジ**

ピンインを簡体字に直しなさい。

1　Huāchá hǎohē. Wūlóngchá yě hǎohē.

_____

2　Lǐtáng dà bu dà?

_____

3　Hànyǔ nán ma?

_____

4　Shǒujī guì, háishi diànnǎo guì?

_____

5　Hǎochī de diǎnxin hěn guì.

_____

第4課　いま何時ですか

你 今年 多 大 了？
Nǐ jīnnián duō dà le?

我 今年 十九 岁 了。
Wǒ jīnnián shíjiǔ suì le.

今天 几 月 几 号，星期 几？
Jīntiān jǐ yuè jǐ hào, xīngqī jǐ?

今天 六 月 十四 号，星期一。
Jīntiān liù yuè shísì hào, xīngqīyī.

现在 几 点？
Xiànzài jǐ diǎn?

现在 两 点 一 刻。
Xiànzài liǎng diǎn yí kè.

都 七 点 半 了，我 该 走 了。
Dōu qī diǎn bàn le, wǒ gāi zǒu le.

路上 小心。 明天 见。
Lùshang xiǎoxīn. Míngtiān jiàn.

◆ 「天」と「年」がつく表現

前天	昨天	今天	明天	后天
qiántiān	zuótiān	jīntiān	míngtiān	hòutiān
前年	去年	今年	明年	后年
qiánnián	qùnián	jīnnián	míngnián	hòunián

 **新しい単語**

今年 jīnnián 今年
多大 duō dà いくつ、何歳
了 le 変化を表す
岁 suì 年齢を数える、〜歳
今天 jīntiān 今日
几 jǐ いくつ
月 yuè 月
号 hào 日（文章体は「日」）
星期 xīngqī 曜日、週
现在 xiànzài いま
点 diǎn 時刻を表す、〜時
两 liǎng 二（量詞を伴う場合）
刻 kè 15分の単位
都 dōu もう、すでに
半 bàn 半
该 gāi 〜しなければならない
走 zǒu 発つ、離れる、歩く
路上小心 lùshangxiǎoxīn 道中気をつけて
明天 míngtiān 明日
见 jiàn 会う
年级 niánjí 〜年生、学年

空欄を埋めなさい

日本語の意味	ピンイン	簡体字
		多大
年齢を数える、〜歳		
今日		
いくつ		
		星期
	xiànzài	
もう、すでに		
〜しなければならない		
発つ、離れる、歩く		
	míngtiān	

数字、年月日、曜日等の言い方

1 数字：

一	二	三	四	五	六	七	八	九	十	十一	…
yī	èr	sān	sì	wǔ	liù	qī	bā	jiǔ	shí	shíyī	

二十　　二十一　　二十二　…　二十九　　三十
èrshí　èrshiyī　èrshi'èr　…　èrshijiǔ　sānshí

一百　　一千　　一万
yìbǎi　yìqiān　yíwàn

2 年月日：

一九九九年　　　　二〇〇〇年　　　　二〇一二年
yījiǔjiǔjiǔnián　　èrlínglíngnián　　èrlíngyī'èrnián

一月　　二月　　三月　…　十二月
yīyuè　èryuè　sānyuè　…　shí'èryuè

一号　　二号　　三号　…　十一号　…　二十号　…　三十一号（口語体）
yīhào　èrhào　sānhào　…　shíyīhào　…　èrshihào　…　sānshiyīhào

一日　　二日　　三日…（文章体）
yīrì　èrrì　sānrì

3 曜日：

星期一　　星期二　　星期三　　星期四　　星期五　　星期六
xīngqīyī　xīngqī'èr　xīngqīsān　xīngqīsì　xīngqīwǔ　xīngqīliù

星期天　　/　　星期日
xīngqītiān　/　xīngqīrì

4 時刻：

～時：一点　　两点
　　　yìdiǎn　liǎngdiǎn

～時～分：三点五分　　四点十分　　五点十五分
　　　　　sāndiǎnwǔfēn　sìdiǎnshífēn　wǔdiǎnshíwǔfēn

　　　　　六点三十分　　七点四十五分
　　　　　liùdiǎnsānshifēn　qīdiǎnsìshiwǔfēn

～時十五分：八点一刻
　　　　　　bādiǎnyíkè

～時四十五分：九点三刻
　　　　　　　jiǔdiǎnsānkè

～時半：十点半
　　　　shídiǎnbàn

～時～分前：差十分十一点　　差一刻十二点
　　　　　　chà shífēn shíyīdiǎn　chà yíkè shí'èrdiǎn

✏️ **訳してみよう**（ピンインもつけること）。

1　2012年1月1日　日曜日

2　10時30分　10時半

3　2時50分　3時10分前

日にち、曜日、時刻を尋ねる場合のやりとり

疑問形：　今天几月几号？　Jīntiān jǐyuè jǐhào?　　星期几？　Xīngqījǐ?

　　　　　现在几点？　Xiànzài jǐdiǎn?

　　　　　今天是几月几号？星期几？　Jīntiān shì jǐyuè jǐhào? Xīngqījǐ?

　　　　　现在是几点？　Xiànzài shì jǐdiǎn?

　　　　　今天是星期六吗？　Jīntiān shì xīngqīliù ma?

肯定形：　今天七月三号，星期四。　Jīntiān qīyuè sānhào, xīngqīsì.

　　　　　现在两点二十分。　Xiànzài liǎngdiǎn èrshifēn.

　　　　　今天是八月一号，星期二。　Jīntiān shì bāyuè yīhào, xīngqī'èr.

　　　　　现在是两点二十分。　Xiànzài shì liǎngdiǎn èrshífēn.

否定形：　今天不是一月一号。　Jīntiān búshì yīyuè yīhào.

　　　　　今天不是星期天。　Jīntiān búshì xīngqītiān.

　　　　　现在不是七点。　Xiànzài búshì qīdiǎn.

✏️ **訳してみよう**。

1　今日は何月何日ですか。

2　いまは三時です。

ポイントⅠ　名詞述語文

名詞が主な述語になる文を名詞述語文という。
名詞述語文は年月日、曜日、時刻などを尋ねるやりとりに使われ、口語体である。

今天几月几号？　　Jīntiān jǐyuè jǐhào?

今天六月十号。　　Jīntiān liùyuè shíhào.

今天星期几？　　　Jīntiān xīngqī jǐ?

今天星期一。　　　Jīntiān xīngqīyī.

しかし、否定形になると、名詞述語文が使えず、「不是～」が使われる。

今天不是星期天。　　Jīntiān búshì xīngqītiān.

明天不是一月一号。　Míngtiān bú shì yīyuè yīhào.

また、年月日、時刻等以外では年齢、学年、金額にも使われる。

我今年二十岁。　　Wǒ jīnnián èrshí suì.

你几年级？　　　　Nǐ jǐniánjí?

我二年级。　　　　Wǒ èrniánjí.

✏ 訳してみよう。

1　今日は__月__日です。（今日の日付を入れよう）

___

2　明日は土曜日ではありません。

___

ポイントⅡ 変化を表す「了」

文末に「了」をつけ、そういう状態に変化する（した）ことを表す。

比較： 我十九岁。　Wǒ shíjiǔ suì.　→　我十九岁了。　Wǒ shíjiǔ suì le.

今年多大？　Jīnnián duō dà?　→　今年多大了？　Jīnnián duō dà le?

✏️ 訳してみよう。

1　私は大学生です。
_____

2　私は大学生になりました。
_____

チャレンジ

適当な語を選び空欄を埋め、訳しなさい。

　　（刻　多大　都　星期几　几点）

1　你（　　　　）了？　　　_____

2　现在（　　　　）了？　　_____

3　今天（　　　　）？　　　_____

4　（　　　　）九点了。　　_____

5　现在五点一（　　　　）。_____

第5課　パソコンを持っていますか

小王，你有哥哥吗？
XiǎoWáng, nǐ yǒu gēge ma?

我没有哥哥，我有一个弟弟和一个妹妹。
Wǒ méiyǒu gēge, wǒ yǒu yí ge dìdi hé yí ge mèimei.

伊藤有电脑吗？
Yīténg yǒu diànnǎo ma?

伊藤有两台电脑，我没有。
Yīténg yǒu liǎng tái diànnǎo, wǒ méi yǒu.

请问，这儿有书店吗？
Qǐngwèn, zhèr yǒu shūdiàn ma?

有，车站西口有一家书店。
Yǒu, chēzhàn xīkǒu yǒu yì jiā shūdiàn.

大学里有没有超市？
Dàxué li yǒu méiyǒu chāoshì?

大学里没有超市，只有方便店。
Dàxué li méiyǒu chāoshì, zhǐyǒu fāngbiàndiàn.

新しい単語

小 xiǎo 〜くん、〜さん	车站 chēzhàn 駅、バス停
有 yǒu ある、いる、持っている	西口 xīkǒu 西口
哥哥 gēge 兄	家 jiā （店などを数える）軒
没 méi 否定の副詞	大学 dàxué 大学
个 ge 広く使われる量詞	里 li 〜の中
弟弟 dìdi 弟	超市 chāoshì スーパー
妹妹 mèimei 妹	只 zhǐ 〜だけ、〜のみ
台 tái （パソコンなどを数える）台	方便店 fāngbiàndiàn コンビニ
请问 qǐngwèn お尋ねしますが、〜	银行 yínháng 銀行
书店 shūdiàn 書店	本 běn （書籍を数える）冊

空欄を埋めなさい

日本語の意味	ピンイン	簡体字
	xiǎo	
	gēge	
		个
お尋ねしますが、〜		
書店		
駅、バス停		
	chāoshì	
		家
〜だけ、〜のみ		
コンビニ		

ポイントⅠ 「有」構文

1 場所＋「有」＋もの・人　〜には…がある。〜には…がいる。

注意：否定は「没有」を使う。

肯定形： 那儿有超市。　　Nàr yǒu chāoshì.

大学里有很多学生。　　Dàxué li yǒu hěn duō xuésheng.

否定形： 教室里没有电脑。　　Jiàoshì li méi yǒu diànnǎo.

我家没有花茶。　　Wǒ jiā méi yǒu huāchá.

疑問形： 车站里有方便店吗？　　Chēzhàn li yǒu fāngbiàndiàn ma?

大学里有学生吗？　　Dàxué li yǒu xuésheng ma?

反復疑問文： 车站里有没有银行？　　Chēzhàn li yǒu méi yǒu yínháng?

大学里有没有老师？　　Dàxué li yǒu méi yǒu lǎoshī?

✏️ **訳してみよう**（ピンインもつけること）。

1　ここにはスーパーがありますか。

_____

2　大学の中には駅がありません。

_____

2 人称代名詞等＋「有」＋家族、親族等を表す名詞　〜には…がいる。

肯定形： 我有两个哥哥。　　Wǒ yǒu liǎng ge gēge.

否定形： 我没有弟弟。　　Wǒ méi yǒu dìdi.

疑問形： 你有妹妹吗？　　Nǐ yǒu mèimei ma?

反復疑問文： 你有没有表妹？　　Nǐ yǒu méi you biǎomèi?　　＊表妹：従妹

✏️ **訳してみよう。**

1　あなたは弟がいますか。

_____

2　私には兄がいません。妹が一人います。

_____

第5課　41

3 　人称代名詞等＋「有」＋もの　　（所有を表す）〜を持っている。

肯定形：　我有一台电脑。　　Wǒ yǒu yì tái diànnǎo.

否定形：　我没有杂志。　　Wǒ méi yǒu zázhì.

疑問形：　你有电视吗？　　Nǐ yǒu diànshì ma?

反復疑問文：　你有没有冰箱？　　Nǐ yǒu méi yǒu bīngxiāng?　　　　＊冰箱：冷蔵庫

✎ 訳してみよう。

1　あなたは携帯を持っていますか。

_____

2　あなたは雑誌を持っていますか（反復疑問文）。

_____

ポイントⅡ　量詞 liàngcí/ 助数詞

「个 ge」：一个学生　yí ge xuésheng　　一个大学　yí ge dàxué

　　　　　一个车站　yí ge chēzhàn

「台 tái」：一台电脑　yì tái diànnǎo　　一台电视　yì tái diànshì

「家 jiā」：一家(个)超市　yì jiā (ge) chāoshì　　一家(个)方便店　yì jiā (ge) fāngbiàndiàn

「本 běn」：一本书　yì běn shū　　一本词典　yì běn cídiǎn

✎ 訳してみよう。

1　一人の大学生

_____

2　一軒の書店

_____

3　一冊の雑誌

_____

チャレンジ

並べ替えて文にしなさい。

1　有　两家　方便店　这儿

___

2　哥哥　有　她

___

3　电脑　我　有　没

___

4　那儿　有　只　书店　一家

___

5　没有　妹妹　他　有

___

コラム

"好"のいろいろ

　皆さんは中国語のもっとも基本的な挨拶言葉"你好！"「こんにちは！」をすでに習得していますね。その中に出てきた"好"は、単独で使うと「良い」「よろしい」という意味ですが、他の言葉と組み合わせると、また他の意味を持つことも多々あります。ここでは、その一部をご紹介しましょう。

　先ずは、"好"の後に舌、鼻、耳、目などで感じたものを表す言葉と一緒に使うと、「大変好ましい」という意味になります。例えば："好吃"→（食べ物の）味がよい、美味しい／"好喝"→（飲み物の）味がよい、美味しい／"好闻"→いい匂い、いい香りがする／"好听"→聞きやすい、耳にここちよい／"好看"→美しい、きれいである。

　次に、手や足の動きを表す動詞が後ろにくると「～しやすい」という意味になります。例："好拿"→持ちやすい／"好用"→使いやすい、使い勝手がよい／"好写"→書きやすい／"好骑"→（またいで）乗りやすい／"好学"→習得しやすい。

　それ以外にも、"好"の使い方が他にもたくさんあります。楽しみながら勉強していきましょう。

第6課　王さんは来られますか

你 会 打 棒球 吗?
Nǐ huì dǎ bàngqiú ma?

会，我 非常 喜欢 打 棒球。
Huì, wǒ fēicháng xǐhuan dǎ bàngqiú.

小 王 明天 能 来 吗?
XiǎoWáng míngtiān néng lái ma?

他 明天 能 来，后天 也 能 来。
Tā míngtiān néng lái, hòutiān yě néng lái.

要是 喜欢，你 可以 试试。
Yàoshi xǐhuan, nǐ kěyǐ shìshi.

那 我 穿穿 这件。
Nà wǒ chuānchuan zhèi jiàn.

美术馆 里 可 不 可以 照 相?
Měishùguǎn li kě bu kěyǐ zhào xiàng?

不 能 照 相。
Bù néng zhào xiàng.

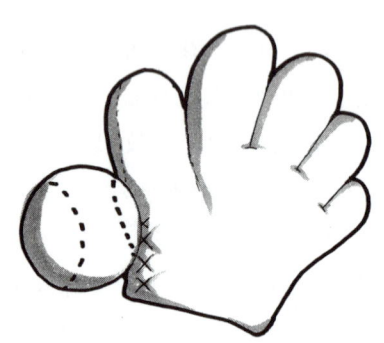

新しい単語

会 huì 〜ができる
打 dǎ （球技を）する、（電話を）かける
棒球 bàngqiú 野球
喜欢 xǐhuan 好きだ
能 néng 〜ができる
来 lái 来る
后天 hòutiān 明後日
要是 yàoshi もし〜
可以 kěyǐ 〜ができる
试 shì 試す、試着する

那 nà それでは、それなら
穿 chuān 着る、履く
件 jiàn （服を数える）枚
美术馆 měishùguǎn 美術館
照相 zhàoxiàng 写真を撮る
乒乓球 pīngpāngqiú 卓球
网球 wǎngqiú テニス
说 shuō 話す、言う
暑假 shǔjià 夏休み
画儿 huàr 絵、絵画

空欄を埋めなさい

日本語の意味	ピンイン	簡体字
（球技を）する、（電話を）かける		
卓球		
テニス		
野球		
	hòutiān	
着る、履く		
		照相
話す、言う		
	huàr	
		暑假

ポイントⅠ 助動詞① 「会」、「能」、「可以」動詞の前につけ、否定は「不」を使う。

1 「会」（能力があって）〜ができる。

他会打乒乓球。　　Tā huì dǎ pīngpāngqiú.

我不会打网球。　　Wǒ bú huì dǎ wǎngqiú.

你会说汉语吗?　　Nǐ huì shuō Hànyǔ ma?

　　注：「她会汉语。Tā huì Hànyǔ」のように動詞で使うこともできる。

✏️ **訳してみよう**（ピンインもつけること）。
1　彼女は英語を話せます。

_____

2　私は野球をすることができません。

_____

2 「能」（可能性があって）〜ができる。

你星期六能来大学吗?　　Nǐ xīngqīliù néng lái dàxué ma?

能来。　　Néng lái.

我明天不能来。　　Wǒ míngtiān bù néng lái.

她能参加比赛吗?　　Tā néng cānjiā bǐsài ma?　　　　＊参加比赛：試合に出る

　　注：本文の「不能照相」のように否定の「不能」は「〜してはいけない。だめです。」の意味もある。

✏️ **訳してみよう**。
1　私は夏休みに来ることができません。

_____

2　あなたは何時に来ることが出来ますか。

_____

3 「可以」（客観的な状況が可能で）〜しても良い。〜することができる。
　　　　　（相手に同意を求めて）〜しても良い。

美术馆里可以看画儿。　　Měishùguǎn li kěyǐ kàn huàr.

九点集合可以吗？　　Jiǔdiǎn jíhé kěyǐ ma? ＊集合：集まる

✎ 訳してみよう。
1 美術館で卓球をしても良いですか。

_____

2 あなたはパソコンを買っても良いです。

_____

ポイントⅡ 「喜欢」 〜するのが好きだ。〜が好きだ。

她非常喜欢学日语。　　Tā fēicháng xǐhuan xuéxí Rìyǔ.

王海喜欢她。　　Wáng Hǎi xǐhuan tā.

我不喜欢喝牛奶。　　Wǒ bù xǐhuan hē niúnǎi.

你喜欢学习汉语吗？　　Nǐ xǐhuan xuéxí Hànyǔ ma?

✎ 訳してみよう。
1 あなたはテニス（をするの）が好きですか。

_____

2 彼はウーロン茶を飲むのが好きではありません。

_____

ポイントⅢ　動詞の重ね方

動詞を重ねて、「ちょっと〜する、〜してみる」という意を表す。

　　请你试试这件衣服。　　Qǐng nǐ shìshi zhèijiàn yīfu.

　　尝尝我的饺子。　　Chángchang wǒ de jiǎozi.　　　　　　＊尝：味見をする

　　　　注意：重ねた動詞は通常軽声で読む。

🖉 訳してみよう。

1　私は着てみても良いですか。

_____

2　私もテニスをしてみます。

_____

コラム

"这件 zhèi jiàn" と読むわけ

「这件」はもともと「这一件」の省略した形と考えられる。「这一件」のピンイン表記は「zhè yí jiàn」である。「这件」になった時、「一」の文字を省略したが、「yi」の音が残ってしまい、前の「zhè」に「i」がくっついた形になる。

「这件」に限らず、「这」+量詞であれば、上記のような発音変化が見られる。

　　例：这个学生 zhèi ge xuésheng　　这台电脑 zhèi tái diànnǎo

ただ、このように変化した発音をするかしないかは個人差があり、「这件」と書いても「zhè jiàn」と発音する人もいる。

「这」以外に「那 nà」（それ、あれ）、「哪 nǎ」（どれ）にも同じ現象が起きている。

　　例：那部电影 nèi bù diànyǐng （その映画）
　　　　哪个车站 něi ge chēzhàn （どの駅）

チャレンジ

ピンインを簡体字に直しなさい。

1　Nǐ huì shuō Hànyǔ ma?

_____

2　Chēzhàn li kěyǐ zhàoxiàng ma?

_____

3　Wǒ kěyǐ chuānchuan zhèi jiàn yīfu ma?

_____

4　Wǒ bú huì dǎ wǎngqiú.

_____

5　Tā wǔ diǎn néng lái.

_____

第7課　朝ごはんを食べましたか

小 刘 大学 毕业 了 吧?
Xiǎo Liú dàxué bìyè le ba?

对, 他 已经 工作 了。
Duì, tā yǐjing gōngzuò le.

你 妹妹 昨天 看 电视 了 吗?
Nǐ mèimei zuótiān kàn diànshì le ma?

她 没 看 电视, 她 听 音乐 了。
Tā méi kàn diànshì, tā tīng yīnyuè le.

快 点儿 起 床 吧, 你 弟弟 早 走 了。
Kuài diǎnr qǐchuáng ba, nǐ dìdi zǎo zǒu le.

我 有点儿 头疼。
Wǒ yǒudiǎnr tóuténg.

今天 你 吃 早饭 了 吗?
Jīntiān nǐ chī zǎofàn le ma?

我 只 吃 了 面包。
Wǒ zhǐ chī le miànbāo.

新しい単語

小刘 xiǎo Liú　劉さん、劉くん
毕业 bìyè　卒業（する）
了 le　完了の助詞
吧 ba　語気助詞（ポイントⅡ参照）
对 duì　はい、その通り
已经 yǐjing　もう、すでに
工作 gōngzuò　働く、仕事（をする）
昨天 zuótiān　昨日
看 kàn　見る、読む
没（有） méi(you)　否定の副詞

听 tīng　聞く
音乐 yīnyuè　音楽
快点儿 kuàidiǎnr　速く、急いで
起床 qǐ chuáng　起きる
早 zǎo　とっくに、とうに
有点儿 yǒudiǎnr　いささか、すこし
头疼 tóuténg　頭痛がする
早饭 zǎofàn　朝食
面包 miànbāo　パン
啤酒 píjiǔ　ビール

空欄を埋めなさい

日本語の意味	ピンイン	簡体字
	bìyè	
		对
働く、仕事（をする）		
昨日		
	tīng	
		看
音楽		
	yǒudiǎnr	
朝食		
パン		

ポイントI　完了を表す「了」

動詞もしくは文末に「了」をつけ、動作行為の完了を表す。否定は「没（有）」を使う。

肯定形：　我哥哥大学毕业了。　　Wǒ gēge dàxué bìyè le.

　　　　　她喝了中国啤酒。　　　Tā hē le Zhōngguó píjiǔ.

否定形：　我没（有）买杂志。　　Wǒ méi(you) mǎi zázhì.

　　　　　他没（有）睡觉。　　　Tā méi(you) shuìjiào.　　　　＊睡觉：眠る

疑問形：　你买电脑了吗？　　　Nǐ mǎi diànnǎo le ma?

　　　　　伊藤学习汉语了吗？　　Yīténg xuéxí Hànyǔ le ma?

反復疑問文：　你听了音乐没有？　　Nǐ tīng le yīnyuè méiyou?

　　　　　　　他吃了早饭没有？　　Tā chī le zǎofàn méiyou?

✎ **訳してみよう**（ピンインもつけること）。

1　あなたは昨日中国語を勉強しましたか。

_____

2　伊藤さんは出発しましたか（反復疑問文）。

_____

3　私は音楽を聞きませんでした。

_____

ポイントII　確認、誘いかけと軽い命令の「吧」

文末に「吧」をつけ、確認、誘いかけ、もしくは軽い命令のニュアンスが加わる。

　　她走了吧？　　　Tā zǒu le ba?

　　咱们喝可乐吧。　Zánmen hē kělè ba.

　　你快点儿买吧。　Nǐ kuàidiǎnr mǎi ba.

✎ **訳してみよう**。

1　起きなさい。

_____

2　彼はもう働いているよね。

_____

3　私たちは音楽を聞きましょう。

_____

ポイントⅢ　副詞②　「已经」、「快（一）点儿」、「早」、「有（一）点儿」、「只」

他已经起床了。　　Tā yǐjing qǐ chuáng le.

该走了，你快点儿吃吧。　　Gāi zǒu le, nǐ kuàidiǎnr chī ba.

我哥哥早工作了。　　Wǒ gēge zǎo gōngzuò le.

今天有点儿热。　　Jīntiān yǒudiǎnr rè.

她只喝了茶。　　Tā zhǐ hē le chá.

訳してみよう。
1　私はもうハンバーガーを食べました。

_____

2　弟はとっくに起きました。

_____

ポイントⅣ　連体修飾語②　「人称代名詞＋名詞」の場合における「的」について

1　「的」を省略しても良いケース：
   1　**人称代名詞＋家族・親族の名称：**　你弟弟　nǐ dìdi　　我妈妈　wǒ māma
   2　**人称代名詞＋所属：**　我们大学　wǒmen dàxué　　他们班　tāmen bān
      2の場合は通常複数の人称代名詞を用いる。
   3　**人称代名詞＋人間関係：**　我同学　wǒ tóngxué　　他同事　tā tóngshì
   　　　　　　　　　　　　　　　　　　　＊　同学：同級生　　同事：同僚

2　「的」を省略できないケース：

人称代名詞＋ものを表す一般名詞：

他的面包　tā de miànbāo　　我的手机　wǒ de shǒujī

訳してみよう。
1　彼女は私たちの先生です。

_____

2　私のパソコンは家にあります。

_____

第7課

チャレンジ

並べ替えて文にしなさい。

1　已经　我　买　电脑　了

_____

2　她　头疼　有点儿

_____

3　他　毕业　早　了

_____

4　看　没有　你　电视　了

_____

5　学习　快点儿　吧

_____

コラム

王さんが"小王"と呼ばれる理由

　現代中国語では相手を呼ぶときに「小王」や「老李」のように姓の前に「小」や「老」をつける習慣がある。

　「小〜」は幼いもの、年少者への親しみの気持ちが込められている。ちょうど日本語の「〜くん」と同じである。職場や近隣などでは若い人の姓に「小」をつけて呼ぶが、家庭では子供の名前に「小」をつけて呼ぶと、家族の間の愛称になる。街角で七十歳を優に超えたお年の方が小学生ぐらいの子供に「小同学，去……怎么走？」と尋ねるのもこのような考えにもとづいているのであって、もちろんその小学生と同級生であるはずがない。

　一方、「老〜」は年長者への親近の意と敬う気持ちが含まれている。話し手より年上の人に使い、相手が老人だからでもなく、老人扱いをしているでもない。

　ごく少数の復姓（诸葛、司马、欧阳）を除くと、中国人の姓はほとんど一文字である。中国語は一字一音で発音するので、ほとんどの姓は一音節で発音される。「小」や「老」の上記の意味から姓につけられる理由の他に、一音節の姓にもう一音節をつけることにより、音の安定が良くなり、言葉のリズムも整いやすくなる。

　ちなみに、中国語の単語の半数以上は二音節語である。

第8課　あなたに電話します

我　经常　在 图书馆 看 杂志，你 呢?
Wǒ jīngcháng zài túshūguǎn kàn zázhì, nǐ ne?

我 不　常　去 图书馆。
Wǒ bù cháng qù túshūguǎn.

从　车 站　到 那儿　远　极了。
Cóng chēzhàn dào nàr yuǎn jíle.

那 咱们　坐　公 交 车　吧。
Nà zánmen zuò gōngjiāochē ba.

我 去 超 市 买 东西，你 呢?
Wǒ qù chāoshì mǎi dōngxi, nǐ ne?

我 也 跟 你 一起 去 吧。
Wǒ yě gēn nǐ yìqǐ qù ba.

我　晚上　给 你 打 电话。
Wǒ wǎnshang gěi nǐ dǎ diànhuà.

晚上　我 不 在 家，你 打 我 的 手机 吧。
Wǎnshang wǒ bú zài jiā, nǐ dǎ wǒ de shǒujī ba.

新しい単語

经常 jīngcháng いつも
在 zài 〜で
图书馆 túshūguǎn 図書館
不常 bùcháng 頻繁に〜しない
去 qù 行く
从〜到〜 cóng〜dào〜 〜から〜まで
远 yuǎn 遠い
〜极了 〜jí le 実に、本当に
坐 zuò 乗る、座る
公交车 gōngjiāochē バス

东西 dōngxi もの、品物
跟〜一起 gēn〜yìqǐ 〜と一緒に
晚上 wǎnshang 夕方、夜、晩
给 gěi 〜に
电话 diànhuà 電話
吃饭 chīfàn 食事をする
等 děng 待つ
发 fā （メール、ファックスを）送る
短信 duǎnxìn （携帯）メール

空欄を埋めなさい

日本語の意味	ピンイン	簡体字
いつも		
図書館		
		晚上
	yuǎn	
		坐
バス		
	dōngxi	
		发
	diànhuà	
（携帯）メール		

ポイントⅠ　前置詞

1 「在~」 ~で

他在家吃饭。　　Tā zài jiā chī fàn.

我在车站等你。　　Wǒ zài chēzhàn děng nǐ.

2 「从」 ~から、「从~到~」 ~から~まで

妹妹从东京来。　　Mèimei cóng Dōngjīng lái.

从他家到书店不远。　　Cóng tā jiā dào shūdiàn bù yuǎn.

3 「跟」 ~のもとで、~と一緒に

我跟中国老师学汉语。　　Wǒ gēn Zhōngguó lǎoshī xué Hànyǔ.

他跟王海一起坐公交车。　　Tā gēn WángHǎi yìqǐ zuò gōngjiāochē.

4 「给」 ~に、対象に向けて（~をする）

他给我打电话。　　Tā gěi wǒ dǎ diànhuà.

我给小刘发短信。　　Wǒ gěi xiǎo Liú fā duǎnxìn.

✏️ 訳してみよう（ピンインもつけること）。

1　彼は書店で雑誌を買う。

_____

2　中国から電話をかける。

_____

3　私は妹と一緒にテレビを見る。

_____

4　彼女に写真を撮ってあげる。

_____

ポイントⅡ　省略疑問文「呢」

話の意味を推測できる場合、同じ言葉を繰り返すことを避けて、文末に「呢」をつける。

　　北京很热，东京呢？　　Běijīng hěn rè, Dōngjīng ne?

　　我吃包子，你呢？　　Wǒ chī bāozi, nǐ ne?

訳してみよう。
1　私の弟は中国語を勉強します（が）。あなたは？

_____

2　ウーロン茶は美味しい（が）。ジャスミン茶は？

_____

ポイントⅢ　「～极了」形容詞等につけて、きわめて～、実に～、すごく～

　　花茶好喝极了。　　Huāchá hǎohē jí le.

　　我们大学的礼堂大极了。　　Wǒmen dàxué de lǐtáng dà jí le.

訳してみよう。
1　パンは実に美味しい。

_____

2　スーパーはすごく遠い。

_____

ポイントⅣ　連動文

一つの主語が二つ（以上）の動作行為をする文。

　　我坐公交车去图书馆。　　Wǒ zuò gōngjiāochē qù túshūguǎn.

　　他去方便店买早饭。　　Tā qù fāngbiàndiàn mǎi zǎofàn.

訳してみよう。

1 私は中国語を勉強しに北京に行きます。

_____

2 私たちはスーパーに買い物に行きましょう。

_____

チャレンジ

1│ ピンインを簡体字に直しなさい。

1 Cóng wǒ jiā dào dàxué bù yuǎn.

_____

2 Tā gěi Yīténg fā duǎnxìn.

_____

3 Wǒ èrshí suì le. Nǐ ne?

_____

4 Zánmen qù chīfàn ba.

_____

5 Nèi ge chāoshì dà jí le.

_____

2│ 読んでみよう。

平平 今年 十一 岁 了。他 会 打扫 自己 的 房间，还 能 一
Píngping jīnnián shíyī suì le. Tā huì dǎsǎo zìjǐ de fángjiān, hái néng yí

个 人 在 家 里 看家。可是，还 不 会 自己 做 饭。他 的 爱好 是 照
ge rén zài jiā li kānjiā. Kěshì, hái bú huì zìjǐ zuò fàn. Tā de àihào shì zhào

相。他 经常 照 一些 小 动物。比如，小猫儿，小狗儿 什么 的。
xiàng. Tā jīngcháng zhào yìxiē xiǎo dòngwù. Bǐrú, xiǎomāor, xiǎogǒur shénme de.

*①看家：留守番をする　②可是：けれども　③做饭：料理をする　④爱好：趣味　⑤一些：すこしの～
　⑥小动物：小動物　⑦小狗儿：子犬　⑧什么的：など

第9課　私は歩いて来ます

你 坐 地铁 来 上 学 吗？
Nǐ zuò dìtiě lái shàng xué ma?

不，我 走 着 来。
Bù, wǒ zǒu zhe lái.

快 点儿！ 体育 课 要 开始 了。
Kuài diǎnr! Tǐyù kè yào kāishǐ le.

等 一下儿，我 正在 换 衣服 呢。
Děng yíxiàr, wǒ zhèngzài huàn yīfu ne.

他 还 在 收拾 房间 吗？
Tā hái zài shōushi fángjiān ma?

对 啊，他 一边儿 听 音乐，一边儿 收拾 呢。
Duì a, tā yìbiānr tīng yīnyuè, yìbiānr shōushi ne.

墙 上 挂 着 什么？
Qiáng shang guà zhe shénme?

挂 着 几 件 衣服。
Guà zhe jǐ jiàn yīfu.

新しい単語

地铁 dìtiě 地下鉄
上学 shàng xué 通学する
着 zhe 持続を表す
体育课 tǐyùkè 体育の授業
要～了 yào～le いよいよ～だ
开始 kāishǐ 始まる
一下儿 yíxiàr ちょっと
正在 zhèngzài 進行を表す
换 huàn 取り替える
衣服 yīfu 服
呢 ne 進行態

还 hái まだ
收拾 shōushi 片付ける
房间 fángjiān 部屋
啊 a 語気助詞
一边儿～一边儿～ yìbiānr～yìbiānr～ ～しながら～をする
墙 qiáng 壁
上 shang ～（の上）に
挂 guà 掛ける、掛かる
吃 chī 食べる

空欄を埋めなさい

日本語の意味	ピンイン	簡体字
地下鉄		
通学する		
ちょっと		
	huàn	
		衣服
	shōushi	
		房间
		墙
～しながら～をする		
掛ける、掛かる		

ポイントⅠ 動態助詞「着」 動詞＋「着」＋動詞 ～して、～する。している。

他坐着睡觉。　　Tā zuò zhe shuì jiào.

弟弟穿着一件新衣服。　　Dìdi chuān zhe yí jiàn xīn yīfu.

墙上挂着画儿。　　Qiáng shang guà zhe huàr.

✏️ 訳してみよう（ピンインもつけること）。

1　私は図書館であなたを待っています。

_____

2　彼女は座って本を読みます。

_____

ポイントⅡ 「要～了。快～了。快要～了。」もうすぐ実現することをいう。

要毕业了。　　Yào bìyè le.

快要比赛了。　　Kuài yào bǐsài le.

快十二点了。　　Kuài shí'èr diǎn le.

✏️ 訳してみよう。

1　バスはもうすぐ来る。

_____

2　いよいよ二十歳になります。

_____

ポイントⅢ　進行態　「(正)在」＋動詞（＋「呢」）　〜をしている。〜をしているところ。

我在打电话。　　Wǒ zài dǎ diànhuà.

妹妹在收拾房间呢。　　Mèimei zài shōushi fángjiān ne.

他正在打棒球。　　Tā zhèngzài dǎ bàngqiú.

弟弟吃饭呢。　　Dìdi chī fàn ne.

訳してみよう。
1　彼らは英語を習っています。

_____

2　彼女は写真を撮っています。

_____

ポイントⅣ　文型「一边儿〜一边儿〜」　〜をしながら、〜をする。

小王一边儿走，一边儿发短信。　　Xiǎo Wáng yì biānr zǒu, yì biānr fā duǎnxìn.

她喜欢一边儿学习，一边儿听音乐。　　Tā xǐhuan yìbiānr xué xí, yìbiānr tīng yīnyuè.

訳してみよう。
1　パソコンを見ながら、電話をかける。

_____

2　彼はメールをしながら、テレビを見ます。

_____

チャレンジ

1 並べ替えて文にしなさい。

1　书店　在　一边儿　她　杂志　等　一边儿　看

　　他 _____

2　乒乓球　在　呢　打

　　王海 _____

3　公交车　要　了　来

　　快点儿, _____

4　几件　挂　里　衣服　着

　　房间 _____

5　着　音乐　听　坐

　　他 _____

2 読んでみよう。

　　　平平 会 游 泳 了。他 高兴 极 了。现在 他 每天 都 想
　　　Píngping huì yóu yǒng le. Tā gāoxìng jí le. Xiànzài tā měitiān dōu xiǎng
去 游泳。今天 平平 的 姐姐 也 和 他 一起 去。还 说："等 游
qù yóuyǒng. Jīntiān Píngping de jiějie yě hé tā yìqǐ qù. Hái shuō:"Děng yóu
完 了, 咱俩 一起 吃 冰激凌 吧。"
wán le, zánliǎ yìqǐ chī bīngjīlíng ba."

＊①游泳：泳ぐ　②高兴：嬉しい　③每天：毎日　④等~了~：~をしてから~する
　⑤咱俩：私たち二人で　⑥冰激凌：アイスクリーム

第10課 一つ質問をしたいのですが

你 想 学 打 网 球 吗?
Nǐ xiǎng xué dǎ wǎngqiú ma?

想 啊,你 能 教 我 吗?
Xiǎng a, nǐ néng jiāo wǒ ma?

我 有 花 粉 症,鼻 子 不 舒 服。
Wǒ yǒu huāfěnzhèng, bízi bù shūfu.

你 应 该 戴 口 罩。
Nǐ yīnggāi dài kǒuzhào.

告 诉 我 你 的 手 机 号 码,好 吗?
Gàosu wǒ nǐ de shǒujī hàomǎ, hǎo ma?

当 然 可 以。 我 说,你 记。
Dāngrán kěyǐ. Wǒ shuō, nǐ jì.

我 想 问 你 一 个 问 题。
Wǒ xiǎng wèn nǐ yí ge wèntí.

你 问 吧,什 么 问 题?
Nǐ wèn ba, shénme wèntí?

新しい単語

想 xiǎng　〜がしたい
教 jiāo　教える
花粉症 huāfěnzhèng　花粉症
鼻子 bízi　鼻
舒服 shūfu　気分が良い
应该 yīnggāi　〜すべき、〜した方が良い
戴 dài　（マスクなどを）かける
口罩 kǒuzhào　マスク
告诉 gàosu　伝える、教える
号码 hàomǎ　番号

当然 dāngrán　当然、もちろん
记 jì　メモする、覚える
问 wèn　質問する、聞く
问题 wèntí　疑問、問題
游泳 yóu yǒng　泳ぐ
留学 liú xué　留学する
出差 chū chāi　出張する
睡觉 shuì jiào　眠る
朋友 péngyou　友達
送 sòng　送る、プレゼントをする

空欄を埋めなさい

日本語の意味	ピンイン	簡体字
花粉症		
鼻		
気分が良い		
		戴
		游泳
	hàomǎ	
質問する、聞く		
	shuì jiào	
友達		
送る、プレゼントをする		

ポイントⅠ 助動詞② 「想」、「要」、「得」、「应该」

1 「想」＋動詞　～したい

我想去游泳。　　Wǒ xiǎng qù yóu yǒng.

他不想去游泳。　Tā bù xiǎng qù yóu yǒng.

2 「要」＋動詞　～しようとする、することになっている

否定形は「不想」と「不用」の二つのタイプになっている。

①我要去留学。　　Wǒ yào qù liú xué.

　他不想去留学。　Tā bù xiǎng qù liú xué.

②他星期一要出差。　　Tā xīngqīyī yào chū chāi.

　他星期一不用出差。　Tā xīngqīyī búyòng chū chāi.

3 「得」＋動詞　～しなければならない

否定形は「不用」のみ

她得去医院。　Tā děi qù yīyuàn.　　　　　　　　　　　　　＊医院：病院

我不用打扫。　Wǒ búyòng dǎsǎo.

4 「应该」＋動詞　～すべきだ。～した方が良い。

你应该走。　　Nǐ yīnggāi zǒu.

你不应该喝啤酒。　Nǐ bù yīnggāi hē píjiǔ.

✎ 訳してみよう（ピンインもつけること）。

1　私は寝たい。

_____

2　私は日曜日に学校に行く必要がありません。

_____

3　彼は辞書を買わなければなりません。

_____

4　あなたは電話をした方が良い。

_____

ポイントⅡ　二重目的語（二つの目的語）

動詞＋間接目的語（人）＋直接目的語（物）

　　　　～誰かに～を～する

老师教我们汉语。　　　Lǎoshī jiāo wǒmen Hànyǔ.

朋友送我一份生日礼物。　　Péngyou sòng wǒ yífèn shēngrì lǐwù.

　　　　　　＊一份：（プレゼントなどを数える）一つ　　生日礼物：誕生日プレゼント

✎ 訳してみよう。

1　私は明日あなたに電話をします。

_____

2　あなたのお名前を教えてくださいませんか。

_____

チャレンジ

1　並べ替えて文にしなさい。

　1　游泳、要、他、明天、去。

　_____

　2　你、留学、去、应该。

　_____

　3　吃饭、得、我、了、去。

　_____

　4　教、吧、你、我、汉语。

　_____

　5　给、我、护照、的、你。

　_____

　　＊护照 hùzhào：パスポート

2| 読んでみよう。

平平 后天 要 去 姥姥 家。他 想 坐 地铁 去。一共 得 坐 三
Píngping hòutiān yào qù lǎolao jiā. Tā xiǎng zuò dìtiě qù. Yígòng děi zuò sān
站。他 说 他 能 自己 一个人 去。妈妈 也 愿意 让 他 试试。
zhàn. Tā shuō tā néng zìjǐ yīgerén qù. Māma yě yuànyì ràng tā shìshi.

＊①姥姥：母方のおばあちゃん ②一共：合計で、全部で ③站：駅 ④自己：自分
⑤愿意：喜んでする

コラム

"打"のいろいろ

中国語には、大変ユニークな動詞があります。いろいろな名詞と組み合わせ、様々な働きをするのです。"打"はその中の一つです。"打"は日本語の「打つ」という意味としてもよく使われますが、しかし、次のような名詞と組み合わせたら、さあ、中国語の"打"はどういう日本語に訳せばいいのでしょう。トライしてみてください。

"打电话、打字、打乒乓球、打架、打仗、打太极拳、打气、打家具、打票、打毛衣、打酱油、打水"。

答え：電話を掛ける／タイプを打つ／卓球をする／喧嘩をする／戦争をする／太極拳をする／空気を入れる／家具を作る／切符を買う／セーターを編む／醤油を買う＊／水を汲む
　＊空き瓶を持参して、量り売りの醤油を入れてもらう場合の表現。今でも、中国の田舎ではよく見られる光景です。

第11課　では、明日また来ます

我 昨天 晚上 12 点 才 睡觉。
Wǒ zuótiān wǎnshang shí'èr diǎn cái shuì jiào.

是 吗，我 10 点 就 睡 了。
Shì ma, wǒ shí diǎn jiù shuì le.

今天 又 下 雨 了。
Jīntiān yòu xià yǔ le.

可 不 是 嘛，最近 天气 一直 不 好。
Kě bú shì ma, zuìjìn tiānqì yìzhí bù hǎo.

小 王 不 在，你 明天 再 来 吧。
Xiǎo Wáng bú zài, nǐ míngtiān zài lái ba.

好 吧，那 我 明天 再 来。
Hǎo ba, nà wǒ míngtiān zài lái.

上 课 时 不要 乱 说 话。
Shàng kè shí búyào luàn shuō huà.

明 白 了。
Míngbai le.

新しい単語

才 cái やっと、ようやく
就 jiù もう、すでに
睡 shuì 眠る
又 yòu また
下雨 xià yǔ 雨が降る
可不是嘛 kě bú shì ma まったくそうね
最近 zuìjìn 最近
天气 tiānqì 天気
一直 yìzhí ずっと
再 zài また、ふたたび

上课 shàng kè 授業を受ける
时 shí 時
不要 búyào 〜してはいけない
乱 luàn やたらに、むやみに
说话 shuō huà 話をする
明白 míngbai 分かる、理解する
半天 bàntiān しばらく、長い時間
迟到 chídào 遅刻する
别 bié 〜しないで、〜してはいけない

空欄を埋めなさい

日本語の意味	ピンイン	簡体字
		就
		下雨
最近		
ずっと		
	shàng kè	
	shuō huà	
やたらに、むやみに		
やっと、ようやく		
分かる、理解する		
		半天

ポイント I 　副詞③ 「才」、「就」、「又」、「再」

1 「才」：動詞に「やっと」、「とうとう」のような「遅い」ニュアンスをもたらす。
　　「就」：動詞に「もうすでに」、「すぐに」のような「早い」ニュアンスをもたらす。

我昨天12点才睡觉。　　Wǒ zuótiān shí'èrdiǎn cái shuì jiào.

我昨天10点就睡觉了。　　Wǒ zuótiān shídiǎn jiù shuì jiào le.

看了半天才看明白。　　Kàn le bàntiān cái kàn míngbai.　　＊看明白：読んで理解する

一看就明白了。　　Yí kàn jiù míngbai le.

学了两年才学会。　　Xué le liǎng nián cái xuéhuì.　　＊学会：身につける、マスターする

学了一年就学会了。　　Xué le yì nián jiù xuéhuì le.

✏️ **訳してみよう**（ピンインもつけること）。

1　私は昨晩1時にやっと寝ました。

_____

2　私は昨晩12時に（早くも）寝ました。

_____

2 「又」：過去のことに使う「また」
　　「再」：未来のことに使う「また」

你怎么又来了?　　Nǐ zěnme yòu lái le?

我今天又迟到了。　　Wǒ jīntiān yòu chídào le.

她又去学校了。　　Tā yòu qù xuéxiào le.

你后天再走吧。　　Nǐ hòutiān zài zǒu ba.

别再迟到。　　Bié zài chídào.

我想再喝一杯咖啡。　　Wǒ xiǎng zài hē yì bēi kāfēi.

✏️ **訳してみよう。**

1　なぜまた寝ましたか。

_____

2　私はもう一冊辞書を買います。

_____

ポイントⅡ　禁止を表す「別」と「不要」

「別」＋動詞＝不要＋動詞（〜しないで）　＊「別」は「不要」より口語的。

　　吃饭时别看电视。　　Chī fàn shí bié kàn diànshì.

　　上课不要迟到。　　Shàng kè búyào chídào.

✏️ **訳してみよう。**

1　行かないでください。

_____

2　もう遅刻しないで下さい。

_____

🫖 チャレンジ ■■■■■■■■■■■■■■■■■■■■■■■■■■■■■■■■

1 この課のポイントを参照して空欄を埋め、訳しなさい。

1　他_____买了新手机。

2　你星期天_____打网球了，是吗？

3　我得_____发一个短信。

4　她想_____去一次超市。

5　_____用我的电脑！

2 読んでみよう。

平平 的 爸爸 又 抽 烟 了。 平平 的 妈妈 很 生 气, 因为
Píngping de bàba yòu chōu yān le. Píngping de māma hěn shēng qì, yīnwèi
她 不 喜欢 平平 爸爸 抽 烟。
tā bù xǐhuan píngping bàba chōu yān.

＊①抽烟：タバコを吸う　②生气：腹が立つ　③　因为：～なので

コラム

"白"は「白」だけではない

　"白"を単独で使う時は、普通日本語の「白い」という意味に訳されますが、では、次の例はどうなるのでしょう。"白吃"、"白喝"、"白给"、"白拿"のような中国語は日本語に訳すと「タダ食いをする」「タダで飲む」「タダであげる」「タダでもらう（もらえる）」になるのです。

　更に、"白吃了"→「無駄飯だった」、"白喝了"→「飲んでも無駄だった」、"白去了"→「無駄足だった」、"白学了"→「習っても無駄だった」という使い方もあります。言葉と言葉の組み合わせがとても大切ですね。

第12課 日本のサッカーチームはすばらしかった

你 的 汉语 真 地道。
Nǐ de Hànyǔ zhēn dìdao.

哪里，我 说 得 还 不 流利。
Nǎli, wǒ shuō de hái bù liúlì.

听说 他 会 弹 钢琴。
Tīngshuō tā huì tán gāngqín.

是 啊，他（唱）歌 唱 得 也 不错。
Shì a, tā (chàng) gē chàng de yě búcuò.

田 中 汉字 写 得 怎么样？
Tiánzhōng hànzì xiě de zěnmeyàng?

他 写 得 漂亮 极 了。
Tā xiě de piàoliang jí le.

昨天 的 足球 赛，日本 队 踢 得 太 棒 了。
Zuótiān de zúqiú sài, Rìběn duì tī de tài bàng le.

是 啊，大家 都 兴奋 极 了。
Shì a, dàjiā dōu xīngfèn jí le.

新しい単語

真 zhēn 実に、本当に
地道 dìdao 生粋の、本物の
哪里 nǎli （褒められて）とんでもない
得 de 助詞
流利 liúlì 流暢だ
听说 tīngshuō 聞くところによると
弹钢琴 tán gāngqín ピアノを弾く
唱歌 chàng gē 歌を歌う
不错 bú cuò なかなか良い
汉字 hànzì 漢字

写 xiě 書く
怎么样 zěnmeyàng どうですか
漂亮 piàoliang 綺麗、美しい
足球赛 zúqiú sài サッカーの試合
队 duì チーム
踢 tī 蹴る
太~了 tài~le 大変~
棒 bàng すばらしい
大家 dàjiā みんな
兴奋 xīngfèn 興奮する
快 kuài 速い

空欄を埋めなさい

日本語の意味	ピンイン	簡体字
実に、本当に		
生粋の、本物の		
		弹钢琴
	bú cuò	
綺麗、美しい		
サッカーの試合		
	duì	
		怎么样
書く		
		兴奋

ポイントⅠ　程度補語　動作の様態、形容詞の程度を表す表現

1 **肯定形：動詞＋「得」＋形容詞**
　　否定形：動詞＋「得」＋「不」＋形容詞
　　疑問形：動詞＋「得」＋形容詞など＋「不」

田中跑得很快。　　Tiánzhōng pǎo de hěn kuài.

他吃得不多。　　Tā chī de bù duō.

她写得好吗？　　Tā xiě de hǎo ma?

✏️ **訳してみよう**（ピンインもつけること）。

1　彼は歩くのがとても速い。

_____

2　彼は話すのが速くない。

_____

3　田中さんは沢山食べますか。

_____

2 目的語をもつ時は、動詞を繰り返した上で、程度補語をつける。

　　肯定形：（動詞）＋目的語＋動詞＋程度補語
　　否定形：（動詞）＋目的語＋動詞＋「得」＋「不」＋形容詞など
　　疑問形：（動詞）＋目的語＋動詞＋程度補語＋「吗」

　　　注意：二つ目の動詞は省略できません。

他(说)汉语说得很快。　　Tā (shuō) Hànyǔ shuō de hěn kuài.

我(打)网球打得不好。　　Wǒ (dǎ) wǎngqiú dǎ de bù hǎo.

他(踢)足球踢得好吗？　　Tā (tī) zúqiú tī de hǎo ma?

第12課　77

✏️ **訳してみよう。**

1 田中さんは中国語を流暢に話します。
_____

2 彼女は中国語を話すのが速くない。
_____

3 あなたの妹はピアノを弾くのが上手ですか。
_____

ポイントⅡ	形容詞の程度の高さを表す表現

「太」＋形容詞＋「了」　　　（本当に、大変〜）

今天太冷了！　　Jīntiān tài lěng le.　　　　　　　　　　　　　＊冷：寒い

这本杂志太难了。　　Zhè běn zázhì tài nán le.

你汉语说得太地道了！　　Nǐ Hànyǔ shuō de tài dìdao le.

✏️ **訳してみよう。**

1 今日の野球の試合は本当に素晴らしかった！
_____

2 あの服は大変大きい。
_____

チャレンジ

1 並べ替えて文にしなさい。

1　你、真、汉语、地道、说得

_____

2　他、钢琴、弹得、听说、不错

_____

3　田中、棒、汉字、写得、极了

_____

4　昨天、多、太、吃得、晚饭、了

_____

5　今天、太、大家、兴奋、我们、了

_____

2 読んでみよう。

我 每天 早上 起得 很 早。 起床 以后, 先 跑 跑步、打 打
Wǒ měitiān zǎoshang qǐ de hěn zǎo. Qǐchuáng yǐhòu, xiān pǎo pao bù, dǎ da
太极拳, 然后 才 吃 早饭。 早上 的 空气 好 极了。
tàijíquán, ránhòu cái chī zǎofàn. Zǎoshang de kōngqì hǎo jíle.

＊①先～然后～：まず～をして、それから～をする　②跑步：ジョギングする
　③打太极拳：太極拳をする　④空气：空気

第13課　早く席に戻りましょう

老师 进来 了。
Lǎoshī jìnlai le.

真 的? 那 咱们 快 回 座位 去 吧。
Zhēn de? Nà zánmen kuài huí zuòwèi qu ba.

今天 下午 有 雨。
Jīntiān xiàwǔ yǒu yǔ.

那 你 别 忘了 带 伞 去。
Nà nǐ bié wàngle dài sǎn qu.

对面 走 过来 一个 人，他 好 像 是 我们 老师。
Duìmiàn zǒu guòlai yí ge rén, tā hǎoxiàng shì wǒmen lǎoshī.

没 错儿，是 我们 班 的 王 老师。
Méi cuòr, shì wǒmen bān de Wáng lǎoshī.

刚才 小 王 高高兴兴 地 跑 出去 了。
Gāngcái xiǎoWáng gāogāoxìngxìng de pǎo chūqu le.

听说 他 女 朋友 来 了。
Tīngshuō tā nǚ péngyou lái le.

新しい単語

- 进 jìn 入る
- 回 huí 戻る
- 座位 zuòwèi 席
- 下午 xiàwǔ 午後
- 忘 wàng 忘れる
- 带 dài 持つ、携帯する
- 伞 sǎn 傘
- 对面 duìmiàn 向かい側
- 过 guò 通過する
- 人 rén 人
- 好像 hǎoxiàng ～のようだ
- 没错儿 méi cuòr （口語）間違いない
- 班 bān クラス
- 刚才 gāngcái 先ほど
- 高高兴兴地 gāogāoxìngxìng de 嬉しそうに
- 跑 pǎo 走る
- 出 chū 出る
- 女朋友 nǚ péngyou ガールフレンド、彼女
- 食堂 shítáng 食堂
- 干净 gānjìng 清潔、きれい

空欄を埋めなさい

日本語の意味	ピンイン	簡体字
入る		
席		
	xiàwǔ	
傘		
	hǎoxiàng	
		没错儿
	bān	
		刚才
嬉しそうに		
走る		

ポイントⅠ　方向補語　動詞の方向や、方向性を示す

1　**単純方向補語：動詞＋（場所）「来」／「去」**
　　　　　　　　　　　　　（～てくる／～ていく）

　1　伊藤回宿舎去了。　　Yīténg huí sùshè qu le.　　　　　　　　　　＊宿舎：宿舎、寮
　2　她打来一个电话。　　Tā dǎlai yíge diànhuà.
　3　他带去一瓶可乐。　　Tā dàiqu yìpíng kělè.　　＊瓶：（瓶詰めの物を数える量詞）本

2　**複合方向補語：動詞＋「回」（場所）「来」／「去」**
　　　　　　　　　　　　　（～して帰ってくる／～ていく）

　1　他走进屋子里来了。　Tā zǒujìn wūzi li lái le.　　　　　　　　　　＊屋子：部屋
　2　伊藤跑回宿舎去了。　Yīténg pǎohuí sùshè qu le.

✏ **訳してみよう**（ピンインもつけること）。

1　彼は家に戻ってきました。

_____

2　彼は走って食堂に入っていきました。

_____

ポイントⅡ　形容詞の重ね方

形容詞を重ねることによって、描写性が強くなる。

　　好　→　好好　　（よく　→　ちゃんと、しっかりと）
　　高兴　→　高高兴兴　（嬉しい　→　嬉しそう）

　我想好好学习。　　Wǒ xiǎng hǎohāo xuéxí.

　衣服洗得干干净净。　Yīfu xǐ de gāngānjìngjìng.

　他高高兴兴地走了。　Tā gāogāoxìngxìng de zǒu le.

✏️ **訳してみよう。**

1　私はそっと歩いて部屋を出ました。　　　　　　　　　　＊そっと：轻轻地 qīngqing de

_____

2　しっかり勉強しなさいよ。

_____

ポイントⅢ　**存現文　人や事物の存在、出現、消失を表す。**

動詞の後ろの事物は不特定なものでなければならない。

　墙上挂着一张世界地图。　　Qiáng shang guà zhe yì zhāng shìjiè dìtú.　　＊世界地图：世界地図
　我们班来了一个新同学。　　Wǒmen bān lái le yí ge xīn tóngxué.　　　　＊同学：同級生
　车开走了。　　Chē kāi zǒu le.　　　　　　　　　　　　　　　　　　　＊开：運転する

✏️ **訳してみよう。**

1　黒板に字がたくさん書いてある。　　　　　　　　　　　＊黒板：黑板 hēibǎn

_____

2　向かい側から美しい女の子が一人歩いてきた。　　　　　＊女の子：女孩子 nǚ háizi

_____

チャレンジ

1 並べ替えて文にしなさい。

1　买、盒饭、回来、了

_____

2　回来、我、一个、带、朋友

_____

3　她、穿、漂漂亮亮、得

_____

4　看、墙上、的、得、清清楚楚、字

_____

5　飞机、走、飞、了

_____

＊①清清楚楚 qīngqīngchǔchǔ：はっきりと　綺麗に　②飞机 fēijī：飛行機　③飞 fēi：飛ぶ

2 読んでみよう。

平平　跟　哥哥　一起　去　超市　买　东西，超市　在　平平　家　的
Píngping gēn gēge yìqǐ qù chāoshì mǎi dōngxi, chāoshì zài Píngping jiā de
后面。　超市　里　有　很　多　好吃　的　和　好喝　的　东西。平平　买　了
hòumian. Chāoshì li yǒu hěn duō hǎochī de hé hǎohē de dōngxi. Píngping mǎi le
一　瓶　牛奶　和　一　份　牛肉　盒饭。
yì píng niúnǎi hé yí fèn niúròu héfàn.

＊①后面：裏　②一份：一人前の～

第14課 ボールペンは見つかりましたか

那本书我看完了。
Nèi běn shū wǒ kànwán le.

你看得真快!
Nǐ kàn de zhēn kuài!

你找到圆珠笔了吗?
Nǐ zhǎodào yuánzhūbǐ le ma?

还没找到。
Hái méi zhǎodào.

我想学好汉语以后去中国旅行。
Wǒ xiǎng xuéhǎo Hànyǔ yǐhòu qù Zhōngguó lǚxíng.

到时候我和你一起去,行吗?
Dào shíhou wǒ hé nǐ yìqǐ qù, xíng ma?

那部电影有点儿难吧?
Nèi bù diànyǐng yǒudiǎnr nán ba?

虽然有点儿难,但是我看懂了。
Suīrán yǒudiǎnr nán, dànshì wǒ kàndǒng le.

新しい単語

完 wán 終わる
找 zhǎo 探す、見つける
到 dào 到る、到達する
圆珠笔 yuánzhūbǐ ボールペン
好 hǎo 良い
旅行 lǚxíng 旅行（する）
到时候 dào shíhou その時になって
部 bù （映画を数える）本
电影 diànyǐng 映画
虽然～但是～ suīrán～dànshì～
　～けれども、～だ

懂 dǒng 分かる、理解する
晚饭 wǎnfàn 夕食
做 zuò 作る、する
课 kè 授業
还是 háishi やはり、それでも
电视剧 diànshì jù ドラマ
没意思 méi yìsi つまらない
下雪 xià xuě 雪が降る
休息 xiūxi 休む

空欄を埋めなさい

日本語の意味	ピンイン	簡体字
終わる		
探す、見つける		
ボールペン		
	bù	
映画		
夕食		
	dǒng	
	diànshì jù	
		没意思
		做

ポイント I 結果補語　動作の結果を表す表現

例：**肯定形：動詞＋結果を表す語（動作や状態の結果を表す）**

晚饭做好了。　　Wǎnfàn zuòhǎo le.

汉堡包吃完了。　　Hànbǎobāo chīwán le.

我昨天见到他了。　　Wǒ zuótiān jiàndào tā le.

否定形：

晚饭没(有)做好。　　Wǎnfàn méi(you) zuòhǎo.

汉堡包没(有)吃完。　　Hànbǎobāo méi(you) chīwán.

我昨天没(有)见到他。　　Wǒ zuótiān méi(you) jiàndào tā.

✏️ **訳してみよう**（ピンインもつけること）。

1　彼は書き終わりました。

_____

2　彼女はまだピアノを弾き終わっていない。

_____

ポイント II 文型　「虽然～，但是～」　～けれども、～だ。

＊「虽然」は略すことができる。

虽然下雨了，但是下得不大。　　Suīrán xià yǔ le, dànshì xià de bú dà.

虽然没课，但是我还是来大学了。　　Suīrán méi kè, dànshì wǒ háishi lái dàxué le.

那个电视剧虽然没意思，但是我还是看了。　　Nèi ge diànshì jù suīrán méi yìsi, dànshì wǒ háishi kàn le.

＊电视剧：テレビドラマ

✏️ **訳してみよう**。

1　雪が降ってきたけれど、強くはありません。

_____

2　（値段は）高くないけれど、私は好きではない。

_____

第 14 課

チャレンジ

1 並べ替えて文にしなさい。

1　完、杂志、了、看

___

2　干净、还、房间、没、收拾

___

3　明天、星期天、是、虽然、不、我、但是、休息

___

4　有点儿、虽然、衣服、贵、喜欢、我、但是

___

5　学、这本、没、书、完、还、我

___

2 読んでみよう。

我 喜欢 看 书，特别 喜欢 看 小说。前天 我 的 同学 借给 我
Wǒ xǐhuan kàn shū, tèbié xǐhuan kàn xiǎoshuō. Qiántiān wǒ de tóngxué jiègei wǒ
一 本 中文 小说。 虽然 有点儿 难，有的 地方 我 还 看 不 懂，
yì běn Zhōngwén xiǎoshuō. Suīrán yǒudiǎnr nán, yǒude dìfang wǒ hái kàn bu dǒng,
但是 大部分 内容 都 看 明白 了。
dànshì dàbùfen nèiróng dōu kàn míngbai le.

＊①小说：小説　②借：借りる、貸す　③中文小说：中国語の小説　④有的地方：あるところ

第 15 課　北京の冬は東京より寒い

这么 大 的 箱子，你 拿 得 动 吗?
Zhème dà de xiāngzi, nǐ ná de dòng ma?

箱子 不 重，我 拿 得 动。
Xiāngzi bú zhòng, wǒ ná de dòng.

黑板 上 的 字 你 看 得 见 看 不 见?
Hēibǎn shang de zì nǐ kàn de jiàn kàn bu jiàn?

我 眼睛 不 太 好，看 不 清楚。
Wǒ yǎnjīng bú tài hǎo, kàn bu qīngchu.

北京 的 冬天 比 东京 冷 吗?
Běijīng de dōngtiān bǐ Dōngjīng lěng ma?

北京 的 冬天 比 东京 冷。
Běijīng de dōngtiān bǐ Dōngjīng lěng.

这 盘 CD 哪儿 来 的?
Zhèi pán CD nǎr lái de?

是 我 从 朋友 那儿 借来 的。
Shì wǒ cóng péngyou nàr jièlái de.

新しい単語

这么 zhème　こんなに
箱子 xiāngzi　トランク
拿得动 ná de dòng　（重くないので）持てる
重 zhòng　重い
黑板 hēibǎn　黒板
看见 kànjian　見える
眼睛 yǎnjīng　目
清楚 qīngchu　はっきりと、綺麗に
冬天 dōngtiān　冬

冷 lěng　寒い
盘 pán　（CDやDVDを数える）枚
借 jiè　借りる、貸す
中文 Zhōngwén　中国語、中文
日元 Rìyuán　日本円
游戏机 yóuxìjī　ゲーム機
困 kùn　眠い
墨镜 mòjìng　サングラス

空欄を埋めなさい

日本語の意味	ピンイン	簡体字
	xiāngzi	
（重くないので）持てる		
黒板		
		清楚
	lěng	
	Rìyuán	
		困
見える		
目		
冬		

ポイントⅠ　可能補語　可能を表す表現

肯定形：動詞＋「得」＋動詞・形容詞
　　（～が出来る、～られる）

否定形：動詞＋「不」＋動詞・形容詞
　　（～が出来ない・～られない）

你看得懂中文电影吗？　　Nǐ kàn de dǒng Zhōngwén diànyǐng ma?

　　——我看得懂。／我看不懂。　　Wǒ kàn de dǒng./Wǒ kàn bu dǒng.

两万日元的游戏机你买得起买不起？　　Liǎng wàn Rìyuán de yóuxì jī nǐ mǎi de qǐ mǎi bu qǐ?

　　　　＊买得起：（支払う能力があって）買える。否定形は「买不起」になる。

太困了，我早上起不来。　　Tài kùn le, wǒ zǎoshang qǐbu lái.

✏️ **訳してみよう**（ピンインもつけること）。

1　パソコンは重くないので、持てます。

_____

2　1万円のサングラスなら、私は買えます。

_____

3　朝は寒すぎて、起きられません。

_____

ポイントⅡ　比較の表現①

肯定形：A＋「比」＋B＋形容詞　　　　（AはBより～）

否定形：A＋「没有」＋B＋形容詞　　　（AはBより～ない）

我比我妹妹高。　　Wǒ bǐ wǒ mèimei gāo.

我没有我妹妹高。　　Wǒ méiyǒu wǒ mèimei gāo.

伊藤比我跑得快。　　Yīténg bǐ wǒ pǎo de kuài.

伊藤没有我跑得快。　　Yīténg méiyǒu wǒ pǎo de kuài.

✏️ 訳してみよう。

1 これはあれより（値段が）高いです。

_____

2 彼女は私より歌うのが上手です。

_____

3 英語は日本語より難しくない。

_____

ポイントⅢ 動作が行われた時間、場所、手段などを強調する表現

「是」＋強調される語＋「的」　　（〜のです〜）　※「是」は略すことができる。

我今天（是）骑车来的。　　Wǒ jīntiān shì qíchē lái de.　　　　＊骑车：自転車に乗る

她（是）在中国生的。　　Tā shì zài Zhōngguó shēng de.　　　　＊生：生まれる

这个帽子（是）在哪儿买的?　　Zhèi ge màozi shì zài nǎr mǎi de?　　　　＊帽子：帽子

✏️ 訳してみよう。

1 あなたは何時に帰ってきたのですか。

_____

2 私は今日歩いてきたのです。

_____

3 餃子は彼女が作ったのだそうです。

_____

チャレンジ

1 並べ替えて文にしなさい。

1　多、包子、完、的、吃、这么、我、不

_____

2　打扫、真、得、干净、房间

_____

　　——小王、那是、的、打扫

_____

3　知道、你、怎么、是、的

_____

　　——是、我、朋友、听、说、的

_____

4　图书馆、美术馆、没有、远

_____

5　电脑、我的、比、贵、他的

_____

＊知道 zhīdao 知る

2 読んでみよう。

　　上星期天　我　和　朋友　一起　去　了　迪士尼　乐园。乐园里　有　米老鼠、
　　Shàngxīngqītiān wǒ hé péngyou yìqǐ qù le Díshìní lèyuán. Lèyuánli yǒu Mǐlǎoshǔ、
唐老鸭　和　它们　的　伙伴们。　我　和　它们　握手、　照相，还　坐　了
Tánglǎoyā hé tāmen de huǒbànmen. Wǒ hé tāmen wòshǒu, zhàoxiàng, hái zuò le
过山车。　我们　玩儿　得　真　开心。
guòshān chē. Wǒmen wánr de zhēn kāixīn.

＊①迪士尼乐园：ディズニーランド　②米老鼠：ミッキーマウス　③唐老鸭：ドナルドダック
　④伙伴：仲間　⑤握手：握手する　⑥过山车：ジェットコースター　⑦开心：楽しい

第16課　電車は一時間遅れました

你 怎么 来 得 这么 晚？
Nǐ zěnme lái de zhème wǎn?

电车 晚点了 一 个 小时，抱歉、抱歉！
Diànchē wǎndiǎnle yí ge xiǎoshí, bàoqiàn、bàoqiàn!

这 本 小说 我 看过 三 遍。
Zhèi běn xiǎoshuō wǒ kànguo sān biàn.

是 吗？ 那么 有 意思 呀！
Shì ma? Nàme yǒu yìsi ya!

你 见过 她 的 老板 吗？
Nǐ jiànguo tā de lǎobǎn ma?

我 见过 他 一 次。
Wǒ jiànguo tā yí cì.

东 京 的 冬天 冷 吗？
Dōngjīng de dōngtiān lěng ma?

冷，可是 北京 的 冬天 比 东 京 更 冷。
Lěng, kěshì Běijīng de dōngtiān bǐ Dōngjīng gèng lěng.

新しい単語

怎么 zěnme　どうして、どのように〜
晚 wǎn　遅い
电车 diànchē　電車
晚点 wǎndiǎn　遅延、遅れる
一个小时 yí ge xiǎoshí　一時間
抱歉 bàoqiàn　申し訳ない
小说 xiǎoshuō　小説
过 guo　〜したことがある
遍 biàn　回
那么 nàme　そんなに

有意思 yǒuyìsi　面白い
呀 ya　（感嘆詞）
老板 lǎobǎn　ボス、社長
更 gèng　もっと、さらに
一天 yì tiān　一日
好几遍 hǎojǐ biàn　何回も
场 chǎng　（雪などを数える）回
雪 xuě　雪
矿泉水 kuàngquánshuǐ　ミネラル・ウォーター
还 hái　もっと、さらに

空欄を埋めなさい

日本語の意味	ピンイン	簡体字
どうして、どのように〜		
もっと、さらに		
遅延、遅れる		
		遍
		有意思
		老板
ミネラル・ウォーター		
	bàoqiàn	
	nàme	
	guo	

第 16 課

ポイントⅠ 経験を表す「过」

肯定形：主語＋動詞＋「过」（＋目的語）

他去过中国。　　Tā qù guo Zhōngguó.

我吃过饺子。　　Wǒ chī guo jiǎozi.

否定形：主語＋「没(有)」＋動詞＋「过」（＋目的語）

他没（有）看过韩国的电视剧。　　Tā méi(you) kàn guo Hánguó de diànshìjù.

我还没（有）去过中国。　　Wǒ hái méi(you) qù guo Zhōngguó.

✎ **訳してみよう**（ピンインもつけること）。

1　私は韓国に行ったことがあります。

_____

2　彼は餃子を食べたことがありません。

_____

ポイントⅡ 数量補語

1　動作をする時間の長さを表す。

　a　目的語が一般名詞の場合は、目的語は時間詞の後。

肯定形：主語＋動詞＋時間詞＋目的語

伊藤学了三年汉语。　　Yīténg xué le sān nián Hànyǔ.

哥哥想打一天棒球。　　Gēge xiǎng dǎ yì tiān bàngqiú.

否定形：主語＋「没」(or「不」) ＋動詞＋時間詞＋目的語

伊藤没学三年汉语。　　Yīténg méi xué sān nián Hànyǔ.

哥哥不想打一天（的）网球。　　Gēge bù xiǎng dǎ yì tiān (de) bàngqiú.

　b　目的語は人の場合は、目的語は時間詞の前。

肯定形：主語＋動詞＋目的語＋時間詞

老师教了我们两年。　　Lǎoshī jiāo le wǒmen liǎng nián.

否定形：主語＋「没」＋動詞＋目的語＋時間詞

小王等了她一个小时。　　XiǎoWáng děng le tā yí ge xiǎoshí.

✎ 訳してみよう。
1　私は６年間英語を学びました。

_____

2　私は彼女を２時間待ちました。

_____

2　動作の回数を表す

那个电视剧我看过好几遍。　　Nèi ge diànshì jù wǒ kànguo hǎojǐbiàn.

去年冬天下了三场大雪。　　Qùnián dōngtiān xià le sān chǎng dà xuě.

她去过两次北京。　　Tā qùguo liǎng cì Běijīng.

✎ 訳してみよう。
1　その映画は二度見ました。

_____

2　今年は三回大雪が降りました。

_____

3　数量を表す

例：早饭我吃了一个汉堡包。　　Zǎofàn wǒ chī le yí ge hànbǎobāo.

　　他买回来十二瓶矿泉水。　　Tā mǎi huílai shí'èr píng kuàngquánshuǐ.

　　我吃了两碗饺子。　　Wǒ chī le liǎng wǎn jiǎozi.

✎ 訳してみよう。
1　ウーロン茶を三杯飲みました。

_____

2　コーラを一つ買ってきて下さい。

_____

ポイントIII　比較の表現②

1　A＋「比」＋B＋形容詞＋程度を表す語
　　　（AはBより〜）

弟弟比我小三岁。　　Dìdi bǐ wǒ xiǎo sān suì.

这件比那件大一点儿。　　Zhèi jiàn bǐ nèi jiàn dà yìdiǎnr.　　　　＊一点儿：すこし

✎ **訳してみよう。**
1　田中さんは私より10分早く着きました。　　　　※早く着く：早到 zǎodào、早来 zǎolái

_____

2　私はあなたより少し年上です。

_____

2　A＋「比」＋B＋「更・还」＋形容詞
　　　（AはBよりもっと〜）

今天比昨天更冷。　　Jīntiān bǐ zuótiān gèng lěng.

这家店比那家还便宜。　　Zhèi jiā diàn bǐ nèi jiā hái piányi.

英语难，汉语比英语还难。　　Yīngyǔ nán, Hànyǔ bǐ Yīngyǔ hái nán.

✎ **訳してみよう。**
1　北京の冬は東京よりもっと寒い。

_____

2　この本はあの本より更に難しい。

_____

チャレンジ

1 空欄を埋めなさい。

1　你汉语说（　　　）真好。
　　—我比你多学（　　　）一年呢。

2　他比你多睡一（　　　）小时。

3　明天比今天（　　　）冷。

4　昨天晚上伊藤写了一（　　　）晚上作业。

5　他打算一年写两（　　　）小说。　　　　　　　＊打算：～するつもり

2 読んでみよう。

在　中国，地铁和轻轨、火车等交通工具都有时刻表，
Zài Zhōngguó, dìtiě hé qīngguǐ, huǒchē děng jiāotōng gōngjù dōu yǒu shíkèbiǎo,
但是　公共　汽车大多数没有时刻表。在日本，公共汽车也
dànshì gōnggòng qìchē dàduōshù méi yǒu shíkèbiǎo. Zài Rìběn, gōnggòng qìchē yě
有时刻表，所以出门计算时间很方便。
yǒu shíkèbiǎo, suǒyǐ chū mén jìsuàn shíjiān hěn fāngbiàn.

＊①轻轨：電車　②火车：汽車　③等：など　④交通工具：交通手段　⑤时刻表：時刻表
　⑥但是：しかし　⑦公共汽车：路線バス　⑧所以：だから　⑨出门：出かける　⑩计算：計算する

第17課　友人のスピーチに感動しました

你 能 不 能 把 脏 衣服 洗洗?
Nǐ néng bu néng bǎ zāng yīfu xǐxi?

好, 我 一会儿 就 洗。
Hǎo, wǒ yìhuǐr jiù xǐ.

时间 太 晚 了, 快 睡 觉 吧。
Shíjiān tài wǎn le, kuài shuì jiào ba.

我 想 把 作业 写 完 再 睡。
Wǒ xiǎng bǎ zuòyè xiě wán zài shuì.

你 的 衣服 怎么 了?
Nǐ de yīfu zěnme le?

我 的 衣服 被 雨 淋 湿 了。
Wǒ de yīfu bèi yǔ lín shī le.

她 是 不 是 哭 了?
Tā shì bu shì kū le?

是 啊, 她 被 朋友 的 演讲 感动 了。
Shì a, tā bèi péngyou de yǎnjiǎng gǎndòng le.

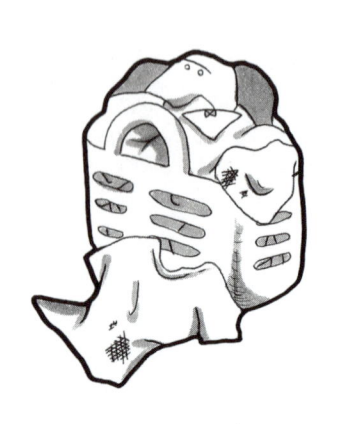

新しい単語

把 bǎ （ポイントⅠ参照）～を
脏 zāng 汚い、汚れる
洗 xǐ 洗う
一会儿 yìhuǐr （時間的に）少し
时间 shíjiān 時、時間
作业 zuòyè 宿題
再 zài （……して）それから
怎么了 zěnmele どうしましたか
被 bèi される
淋湿 línshī （雨に）濡れる、濡らす

哭 kū 泣く
演讲 yǎnjiǎng 演説、スピーチ
感动 gǎndòng 感動する
洗衣机 xǐyījī 洗濯機
批评 pīpíng 叱る
弄坏 nònghuài 壊す
自行车 zìxíngchē 自転車
骑 qí （またいで）乗る
同学 tóngxué 同級生、クラスメート

空欄を埋めなさい

日本語の意味	ピンイン	簡体字
どうしましたか		
（雨に）濡れる、濡らす		
泣く		
	zuòyè	
汚い、汚れる		
		弄坏
		批评
	qí	
クラスメート		
		自行车

第17課

ポイントⅠ 「把」構文

目的語に処置を施す表現。

＊動詞の後ろには他の成分が必要である。

肯定形：「把」＋目的語＋動詞＋〜

你把门关上。　　Nǐ bǎ mén guānshang.　　　　　　　　　　　　＊关：閉める

我把面包吃完了。　　Wǒ bǎ miànbāo chīwán le.

他把辞典放进书包里了。　　Tā bǎ cídiǎn fàngjìn shūbāoli le.　　　＊放：入れる、置く

否定形：「没」・「不」＋「把」＋目的語＋動詞＋〜

弟弟没把门关上。　　Dìdi méi bǎ mén guānshang.

我没把词典带回家。　　Wǒ méi bǎ cídiǎn dàihuí jiā.

你为什么不把桌子收拾收拾？　　Nǐ wèishénme bù bǎ zhuōzi shōushishōushi?

禁止：「别」・「不要」＋「把」＋目的語＋動詞＋〜

别（不要）把门关上。　　Bié(búyào) bǎ mén guānshang.

不要把手机弄坏。　　Búyào bǎ shǒujī nònghuài.

不要把脏衣服都放进洗衣机里。　　Búyào bǎ zāngyīfu dōu fàng jìn xǐyījī li.

✏️ **訳してみよう**（ピンインもつけること）。

1　パスポートを見せてください。　　　　　　　　　　　　　　＊パスポート：护照　hùzhào

_____

2　私は今日教科書を持って帰ってこなかった。　　　　　　　教科書：课本　kèběn

_____

ポイントⅡ 受身文

される側＋「被」（＋する側）＋動詞＋〜

伊藤被老师批评了。　　Yīténg bèi lǎoshī pīpíng le.

妹妹的电脑被我弄坏了。　　Mèimei de diànnǎo bèi wǒ nònghuài le.

雨伞被忘在电车上了。　　Yǔsǎn bèi wàng zài diànchē shang le.

📝 訳してみよう。

1　自転車は彼に乗っていかれた。

_____

2　本はクラスメートに借りられていった。

_____

チャレンジ

1 日本語に訳してみよう。

1　新自行车被雨淋湿了。

_____

2　雨伞都被大家买走了。

_____

3　我打算明天把车洗洗。

_____

4　请不要把垃圾扔在路上。

_____

5　你把黑板擦干净，好吗？

_____

＊①垃圾 lājī：ゴミ　②擦 cā：消す

2| 読んでみよう。

中国 的 年轻人 喜欢 漫画，特别 是 日本 的 漫画 和 动漫，
Zhōngguó de niánqīngrén xǐhuan mànhuà, tèbié shì Rìběn de mànhuà hé dòngmàn,
非常 有 人气。在 书店 的 漫画区里，日本 的 著名 漫画 和 动漫，
fēicháng yǒu rénqì. Zài shūdiàn de mànhuàqūli, Rìběn de zhùmíng mànhuà hé dòngmàn,
差不多 把 书架 都 占满 了。
chàbuduō bǎ shūjià dōu zhànmǎn le.

＊①年轻人：若い人、若者　②动漫：アニメ　③有人气：人気がある　④漫画区：漫画コーナー
　⑤差不多：ほぼ同じ　⑥书架：本棚　⑦占满：いっぱいになっている、〜だらけにする

第18課 一曲歌っていただけませんか

你 怎么 来 了?
Nǐ zěnme lái le?

是 老师 让 我 来 的。
Shì lǎoshī ràng wǒ lái de.

这么 晚 了，你 还 不 下 班 吗?
Zhème wǎn le, nǐ hái bú xià bān ma?

老板 让 我 留下来 加班。
Lǎobǎn ràng wǒ liúxiàlai jiābān.

能 不 能 请 你 唱 首 歌儿?
Néng bu néng qǐng nǐ chàng shǒu gēr?

你 知道 我 不会 唱歌儿。
Nǐ zhīdao wǒ búhuì chànggēr.

不 能 让 你 一个 人 去。
Bùnéng ràng nǐ yígerén qù.

放 心 吧，没 问 题。
Fàngxīn ba, méi wèntí.

新しい単語

让 ràng　させる
下班 xiàbān　退勤、退社する
留下来 liúxiàlai　残る
加班 jiā bān　残業する
请 qǐng　頼む、お願いする
首 shǒu　（歌を数える）曲
知道 zhīdao　知る、分かる
一个人 yígerén　一人
放心 fàngxīn　安心する
没问题 méi wèntí　問題ない

小提琴 xiǎotíqín　バイオリン
回答 huídá　答える
帮忙 bāng máng　手伝う
参加 cānjiā　参加する、出席する、出る
课外活动 kèwàihuódòng　部活
连 lián　～でさえも
小孩子 xiǎo háizi　子供
地震 dìzhèn　地震
厉害 lìhai　激しい、ひどい
停电 tíngdiàn　停電する

空欄を埋めなさい

日本語の意味	ピンイン	簡体字
	ràng	
	liúxiàlai	
残業する		
知る、分かる		
		帮忙
参加する、出席する、出る		
答える		
		连
	xiǎo háizi	
安心する		

ポイントⅠ　使役の表現「让」、「叫」、「请」

「让」、「叫」〜させる。

「请」（お願いして）〜してもらう。〜していただく。

肯定形：A＋「让」（「叫」「请」）＋B＋動詞＋（目的語）　　〜させる

妈妈让我学小提琴。　　Māma ràng wǒ xué xiǎotíqín.

老师叫学生回答问题。　　Lǎoshī jiào xuésheng huídá wèntí.

我想请你帮帮忙。　　Wǒ xiǎng qǐng nǐ bāngbang máng.

否定形：A＋「不让（不叫）」＋B＋動詞＋（目的語）　　〜させない
　　　　　(or「没让（没叫）」)

小王不让我参加课外活动。　　Xiǎo Wáng bú ràng wǒ cānjiā kèwàihuódòng.

昨天，我没叫他打电话。　　Zuótiān, wǒ méi jiào tā dǎ diànhuà.

他没让我一起照相。　　Tā méi ràng wǒ yìqǐ zhàoxiàng.

✏️ **訳してみよう**（ピンインもつけること）。

1　彼に洗濯をさせます。

_____

2　弁当を買ってくるように頼まれました。　　　　　　　　　　＊弁当：盒饭 héfàn

_____

3　彼女が私を帰らせてくれません。

_____

ポイントⅡ　兼語文

文中に二つの動詞があり、前の動詞の目的語は同時に後ろの動詞の主語でもある文を兼語文という。ほとんどの使役文は兼語文になっている。

他不叫我去图书馆。　　Tā bú jiào wǒ qù túshūguǎn.

我想请你参加今天的晚会。　　Wǒ xiǎng qǐng nǐ cānjiā jīntiān de wǎnhuì. ＊晚饭：パーティー

王老师教我们学汉语。　　Wáng lǎoshī jiāo wǒmen xué Hànyǔ.

✏️ 訳してみよう。

1　母は家に帰るようにと私に言いました。

2　彼はスーパーに行かせてくれません。

3　私はあなたにジャスミン茶をご馳走しましょう。

ポイントⅢ　「连～也（都）～」　～でさえ（も）～

这个问题，连小孩子也能回答。　　Zhèige wèntí, liáng xiǎoháizi yě néng huídá.

这次地震太厉害了，连电都停了。　　Zhèicì dìzhèn tài lìhai le, lián diàn dōu tíng le.

连你也没见过他们校长吗？　　Lián nǐ yě méi jiànguo tāmen xiàozhǎng ma?

✏️ 訳してみよう。

1　その歌は、私でさえ知っている。

2　今年の冬は雪すら降らなかった。

チャレンジ

1 並べ替えて文にしなさい。

1 谁、是、来的、让、你

___

2 不想、住、父母、孩子、一个人、让

___

3 让、想、来、朋友、我、我家、玩儿

___

4 没洗、睡觉、连、脸、他、也、就、了

___

5 辞典、连、都、出来、就、没用、翻译、了

___

＊脸 liǎn：顔

2 読んでみよう。

一年 的 学习 快 结束 了。过完 新年、考完 期末 考试，就要 放
Yìnián de xuéxí kuài jiéshù le. Guòwán xīnnián, kǎowán qīmò kǎoshì, jiùyào fàng
春假 了。 日本 的 大学 一年 放 三 次 假，但是 中国 的 大学 只
chūnjià le. Rìběn de dàxué yìnián fàng sān cì jià, dànshì Zhōngguó de dàxué zhǐ
放 寒假 和 暑假，没有 春假。而且， 中国 的 新 学年 的 开始 也 不
fàng hánjià hé shǔjià, méiyǒu chūnjià. Érqiě, Zhōngguó de xīn xuénián de kāishǐ yě bú
是 在 四 月，而是 在 九月。
shì zài sì yuè, érshì zài jiǔyuè.

＊①结束：終了　②过新年：お正月を過ごす　③考试：試験　④放：（休みに）入る　⑤春假：春休み
　⑥寒假：冬休み　⑦暑假：夏休み　⑧而且：それに、更に　⑨不是~而是~：~ではなく~だ

単語索引

※数字は課数を示す

【A】

| 啊 | a | 語気助詞 | 9 |

【B】

吧	ba	語気助詞（ポイントⅡ参照）	7
八	bā	八	4
把	bǎ	（ポイントⅠ参照）〜を	17
班	bān	クラス	13
半	bàn	半	4
半天	bàntiān	しばらく、長い時間	11
帮忙	bāng máng	手伝う	18
棒	bàng	すばらしい	12
棒球	bàngqiú	野球	6
包子	bāozi	中華まん	2
抱歉	bàoqiàn	申し訳ない	16
北京	Běijīng	北京	1
被	bèi	される	17
本	běn	（書籍を数える）冊	5
鼻子	bízi	鼻	10
毕业	bìyè	卒業（する）	7
遍	biàn	回	16
别	bié	〜しないで、〜してはいけない	11
不错	bú cuò	なかなか良い	12
不要	búyào	〜してはいけない	11
不	bù	否定を表す	1
部	bù	（映画を数える）本	14
不常	bùcháng	頻繁に〜しない	8

【C】

茶	chá	茶	1
才	cái	やっと、ようやく	11
参加	cānjiā	参加する、出席する、出る	18
场	chǎng	（雪などを数える）回	16
唱歌	chàng gē	歌を歌う	12
超市	chāoshì	スーパー	5
车站	chēzhàn	駅、バス停	5
吃	chī	食べる	9
吃饭	chīfàn	食事をする	8
迟到	chídào	遅刻する	11
出	chū	出る	13
出差	chū chāi	出張する	10
穿	chuān	着る、履く	6
词典	cídiǎn	辞書	2
从〜到〜	cóng〜dào〜	〜から〜まで	8

【D】

打	dǎ	（球技を）する、（電話を）かける	6
大	dà	大きい	3
带	dài	持つ、携帯する	13
大家	dàjiā	みんな	12
大学	dàxué	大学	5
大学生	dàxuéshēng	大学生	2
戴	dài	（マスクなどを）かける	10
当然	dāngrán	当然、もちろん	10
到	dào	到る、到達する	14
到时候	dào shíhou	その時になって	14
的	de	所属を表す、〜の	3
得	de	助詞	12
等	děng	待つ	8
地道	dìdao	生粋の、本物の	12
弟弟	dìdi	弟	5
地铁	dìtiě	地下鉄	9
地震	dìzhèn	地震	18
点	diǎn	時刻を表す、〜時	4
电车	diànchē	電車	16
电话	diànhuà	電話	8
电脑	diànnǎo	パソコン	2
电视	diànshì	テレビ	2
电视剧	diànshì jù	ドラマ	14

点心	diǎnxin	菓子、軽食	2
电影	diànyǐng	映画	14
东京	Dōngjīng	東京	1
冬天	dōngtiān	冬	15
东西	dōngxi	もの、品物	8
懂	dǒng	分かる、理解する	14
都	dōu	みな、すべて	3
都	dōu	もう、すでに	4
短信	duǎnxìn	（携帯）メール	8
对	duì	はい、その通り	7
队	duì	チーム	12
对面	duìmiàn	向かい側	13
多大	duō dà	いくつ、何歳	4

【E】

二	èr	二	4

【F】

发	fā	（メール、ファックスを）送る	8
方便店	fāngbiàndiàn	コンビニ	5
房间	fángjiān	部屋	9
放心	fàngxīn	安心する	18
非常	fēicháng	非常に	3

【G】

该	gāi	～しなければならない	4
感动	gǎndòng	感動する	17
干净	gānjìng	清潔、きれい	13
刚才	gāngcái	先ほど	13
高高兴兴地	gāogāoxìngxìng de	嬉しそうに	13
告诉	gàosu	伝える、教える	10
个	ge	広く使われる量詞	5
哥哥	gēge	兄	5
给	gěi	～に	8
跟～一起	gēn~yìqǐ	～と一緒に	8
更	gèng	もっと、さらに	16
公交车	gōngjiāochē	バス	8
工作	gōngzuò	働く、仕事（をする）	7
挂	guà	掛ける、掛かる	9
贵	guì	（値段が）高い	3
贵姓	guìxìng	名字を聞く言い方	1
过	guo	～したことがある	16
过	guò	通過する	13

【H】

还	hái	まだ	9
还	hái	もっと、さらに	16
还是	háishi	～それとも～	3
还是	háishi	やはり、それでも	14
汉堡包	hànbǎobāo	ハンバーガー	2
韩国人	Hánguórén	韓国人	2
汉语	Hànyǔ	中国語	1
汉字	hànzì	漢字	12
好	hǎo	良い	14
好吃	hǎochī	（食べて）美味しい	3
好喝	hǎohē	（飲んで）美味しい	3
好几遍	hǎojǐ biàn	何回も	16
好像	hǎoxiàng	～のようだ	13
号日	hào	日（文章体は「日」）	4
号码	hàomǎ	番号	10
喝	hē	飲む	1
和	hé	～と	3
黑板	hēibǎn	黒板	15
很	hěn	とても	3
后天	hòutiān	明後日	6
花茶	huāchá	ジャスミン茶	3
花粉症	huāfěnzhèng	花粉症	10
换	huàn	取り替える	9
画儿	huàr	絵、絵画	6
回答	huídá	答える	18
回	huí	戻る	13
会	huì	～できる	6

【J】

～极了	~jí le	実に、本当に	8
几	jǐ	いくつ	4
记	jì	メモする、覚える	10
家	jiā	家	1
家	jiā	（店などを数える）軒	5
加班	jiā bān	残業する	18
见	jiàn	会う	4
件	jiàn	（服を数える）枚	6

教	jiāo	教える	10
饺子	jiǎozi	餃子	3
叫	jiào	（名前を）～という	1
教室	jiàoshì	教室	3
借	jiè	借りる、貸す	15
今年	jīnnián	今年	4
今天	jīntiān	今日	4
进	jìn	入る	13
经常	jīngcháng	いつも	8
九	jiǔ	九	4
就	jiù	もう、すでに	11

【K】

咖啡	kāfēi	コーヒー	1
开始	kāishǐ	始まる	9
看	kàn	見る、読む	7
看见	kànjian	見える	15
可不是嘛	kě bú shì ma	まったくそうね	11
可乐	kělè	コーラ	3
可以	kěyǐ	～ができる	6
刻	kè	15分の単位	4
课	kè	授業	14
课外活动	kèwàihuódòng	部活	18
口罩	kǒuzhào	マスク	10
哭	kū	泣く	17
快	kuài	速い	12
快点儿	kuàidiǎnr	速く、急いで	7
矿泉水	kuàngquánshuǐ	ミネラル・ウォーター	16
困	kùn	眠い	15

【L】

来	lái	来る	6
老板	lǎobǎn	ボス、社長	16
老师	lǎoshī	先生、教員	2
了	le	変化を表す	4
了	le	完了の助詞	7
冷	lěng	寒い	15
里	li	～の中	5
厉害	lìhai	激しい、ひどい	18
礼堂	lǐtáng	講堂	3
连	lián	～でさえも	18
两	liǎng	二（量詞を伴う場合）	4
淋湿	línshī	（雨に）濡れる、濡らす	17
流利	liúlì	流暢だ	12
留下来	liúxiàlai	残る	18
留学	liú xué	留学する	10
六	liù	六	4
乱	luàn	やたらに、むやみに	11
路上小心	lùshangxiǎoxīn	道中気をつけて	4
旅行	lǚxíng	旅行（する）	14

【M】

吗	ma	疑問を表す	1
买	mǎi	買う	1
没	méi	否定の副詞	5
没错儿	méi cuòr	（口語）間違いない	13
没问题	méi wèntí	問題ない	18
没意思	méi yìsi	つまらない	14
没（有）	méi(you)	否定の副詞	7
美术馆	měishùguǎn	美術館	6
妹妹	mèimei	妹	5
面包	miànbāo	パン	7
明白	míngbai	分かる、理解する	11
明天	míngtiān	明日	4
名字	míngzi	名前	1
墨镜	mòjìng	サングラス	15

【N】

拿得动	ná de dòng	（重くないので）持てる	15
哪里	nǎli	どこ	1
哪里	nǎli	（褒められて）とんでもない	12
哪儿	nǎr	どこ	1
那	nà	それ、その～、あれ、あの～	2
那	nà	それでは、それなら	6
哪	nǎ	どれ	2
那里	nàli	そこ、あそこ	1
那么	nàme	そんなに	16
难	nán	難しい	3
那儿	nàr	そこ、あそこ	1
呢	ne	進行態	9

能	néng	～ができる	6
你	nǐ	あなた、きみ	1
你们	nǐmen	あなたたち	1
年级	niánjí	～年生、学年	4
牛奶	niúnǎi	牛乳	2
您	nín	你 nǐ の敬語	1
弄坏	nònghuài	壊す	17
女朋友	nǚ péngyou	ガールフレンド、彼女	13

【P】

盘	pán	（CDやDVDを数える）枚	15
跑	pǎo	走る	13
啤酒	píjiǔ	ビール	7
漂亮	piàoliang	綺麗、美しい	12
朋友	péngyou	友達	10
批评	pīpíng	叱る	17
乒乓球	pīngpāngqiú	卓球	6

【Q】

七	qī	七	4
骑	qí	（またいで）乗る	17
起床	qǐ chuáng	起きる	7
墙	qiáng	壁	9
清楚	qīngchu	はっきりと、綺麗に	15
请	qǐng	頼む、お願いする	18
请问	qǐngwèn	お尋ねしますが、～	5
去	qù	行く	8

【R】

让	ràng	させる	18
热	rè	熱い、暑い	3
人	rén	人	13
日本人	Rìběnrén	日本人	2
日语	Rìyǔ	日本語	1
日元	Rìyuán	日本円	15

【S】

三	sān	三	4
伞	sǎn	傘	13
上	shang	～（の上）に	9
上海	Shànghǎi	上海	1
上课	shàng kè	授業を受ける	11
上学	shàng xué	通学する	9
谁	shéi (shuí)	誰	1
什么	shénme	どんな、なに	1
十	shí	十	4
时	shí	時	11
时间	shíjiān	時、時間	17
食堂	shítáng	食堂	13
是	shì	～は～です	2
试	shì	試す、試着する	6
收拾	shōushi	片付ける	9
首	shǒu	（歌を数える）曲	18
手机	shǒujī	携帯電話	2
书	shū	本	2
书店	shūdiàn	書店	5
舒服	shūfu	気分が良い	10
暑假	shǔjià	夏休み	6
睡	shuì	眠る	11
睡觉	shuì jiào	眠る	10
说	shuō	話す、言う	6
说话	shuō huà	話をする	11
四	sì	四	4
送	sòng	送る、プレゼントをする	10
岁	suì	年齢を数える、～歳	4
虽然～但是～	suīrán～dànshì～	～けれども、～だ	14

【T】

他	tā	彼	1
她	tā	彼女	1
它	tā	それ	1
他们	tāmen	彼ら	1
她们	tāmen	彼女たち	1
它们	tāmen	それら	1
台	tái	（パソコンなどを数える）台	5
太～了	tài～le	大変～	12
弹钢琴	tán gāngqín	ピアノを弾く	12
踢	tī	蹴る	12
天气	tiānqì	天気	11
体育课	tǐyùkè	体育の授業	9
听	tīng	聞く	7

听说	tīngshuō	聞くところによると	12
停电	tíngdiàn	停電する	18
同学	tóngxué	同級生	17
头疼	tóuténg	頭痛がする	7
图书馆	túshūguǎn	図書館	8

【W】

完	wán	終わる	14
晚	wǎn	遅い	16
晚点	wǎndiǎn	遅延する	16
晚饭	wǎnfàn	夕食	14
晚上	wǎnshang	夕方、夜、晩	8
网球	wǎngqiú	テニス	6
忘	wàng	忘れる	13
问	wèn	質問する、聞く	10
问题	wèntí	疑問、問題	10
我	wǒ	私、ぼく	1
我们	wǒmen	私たち、ぼくたち	1
五	wǔ	五	4
乌龙茶	wūlóngchá	ウーロン茶	2

【X】

洗	xǐ	洗う	17
喜欢	xǐhuan	好きだ	6
西口	xīkǒu	西口	5
洗衣机	xǐyījī	洗濯機	17
下雨	xià yǔ	雨が降る	11
下雪	xià xuě	雪が降る	14
下班	xiàbān	退勤、退社する	18
下午	xiàwǔ	午後	13
现在	xiànzài	いま	4
箱子	xiāngzi	トランク	15
想	xiǎng	〜がしたい	10
小	xiǎo	〜くん、〜さん	5
小孩子	xiǎo háizi	子供	18
小刘	xiǎo Liú	劉さん、劉くん	7
小说	xiǎoshuō	小説	16
小提琴	xiǎotíqín	バイオリン	18
写	xiě	書く	12
新	xīn	新しい	3
兴奋	xīngfèn	興奮する	12
星期	xīngqī	曜日、週	4
星期二	xīngqī'èr	火曜日	4
星期几	xīngqījǐ	何曜日	4
星期六	xīngqīliù	土曜日	4
星期日	xīngqīrì	日曜日	4
星期三	xīngqīsān	水曜日	4
星期四	xīngqīsì	木曜日	4
星期天	xīngqītiān	日曜日	4
星期五	xīngqīwǔ	金曜日	4
星期一	xīngqīyī	月曜日	4
姓	xìng	（姓を）〜という	1
休息	xiūxi	休む	14
学生	xuésheng	学生	2
学习	xuéxí	勉強する	1
雪	xuě	雪	16

【Y】

呀	ya	（感嘆詞）	16
演讲	yǎnjiǎng	演説、スピーチ	17
眼睛	yǎnjīng	目	15
要〜了	yào〜le	いよいよ〜だ	9
要是	yàoshi	もし〜	6
也	yě	〜も	3
一	yī	一	4
衣服	yīfu	服	9
一个小时	yí ge xiǎoshí	一時間	16
一个人	yígerén	一人	18
一下儿	yíxiàr	ちょっと	9
已经	yǐjing	もう、すでに	7
一边儿〜 一边儿〜	yìbiānr〜 yìbiānr〜	〜しながら〜をする	9
一会儿	yìhuǐr	（時間的に）少し	17
一天	yì tiān	一日	16
一直	yìzhí	ずっと	11
银行	yínháng	銀行	5
音乐	yīnyuè	音楽	7
应该	yīnggāi	〜すべき、〜した方が良い	10
英语	Yīngyǔ	英語	3
游泳	yóu yǒng	泳ぐ	10
游戏机	yóuxìjī	ゲーム機	15
有	yǒu	ある、いる、持っている	5
有点儿	yǒudiǎnr	いささか、すこし	7
有意思	yǒuyìsi	面白い	16

又	yòu	また	11
圆珠笔	yuánzhūbǐ	ボールペン	14
远	yuǎn	遠い	8
月	yuè	月	4

【Z】

杂志	zázhì	雑誌	1
再	zài	また、ふたたび	11
再	zài	(……して)それから	17
在	zài	ある、いる	1
在	zài	〜で	8
咱们	zánmen	(聞き手を含めた)私たち	1
脏	zāng	汚い 汚れる	17
早	zǎo	とっくに、とうに	7
早饭	zǎofàn	朝食	7
怎么	zěnme	どうして、どのように〜	16
怎么了	zěnmele	どうしましたか	17
怎么样	zěnmeyàng	どうですか	12
找	zhǎo	探す、見つける	14
照相	zhàoxiàng	写真を撮る	6
着	zhe	持続を表す	9
这	zhè	これ、この〜	2
这里	zhèli	ここ	1
这么	zhème	こんなに	15
这儿	zhèr	ここ	1
真	zhēn	実に、本当に	12
正在	zhèngzài	進行を表す	9
知道	zhīdao	知る、分かる	18
只	zhǐ	〜だけ、〜のみ	5
中国人	Zhōngguórén	中国人	2
中文	Zhōngwén	中国語、中文	15
重	zhòng	重い	15
自行车	zìxíngchē	自転車	17
走	zǒu	発つ、離れる、歩く	4
足球赛	zúqiú sài	サッカーの試合	12
最近	zuìjìn	最近	11
坐	zuò	乗る、座る	8
做	zuò	作る、する	14
昨天	zuótiān	昨日	7
座位	zuòwèi	席	13
作业	zuòyè	宿題	17

著　者

葉　　紅
　　駿河台大学准教授

飯島　啓子
　　東京外国語大学ほか講師

対話でたのしむ中国語 ―初級編― （CD 付）

2012. 4. 1　初 版 発 行
2013. 4. 1　初版2刷発行

発行者　井 田 洋 二

発行所　〒101-0062　東京都千代田区神田駿河台3の7　　株式会社　駿河台出版社
　　　　電話 03(3291)1676　FAX 03(3291)1675
　　　　振替 00190-3-56669
　　　　E-mail：edit@e-surugadai.com
　　　　URL：http://www.e-surugadai.com

製版／印刷　倉敷印刷
ISBN978-4-411-03072-6 C1087 ¥2300E